はじめに

ようこそ、腸と「心」の不思議な世界へ―

このたびのナビゲーターをつとめさせていただきます、「一般社団法人　日本腸心セラピー協会」代表理事の渡邊千春です。

私は幼いころから感受性が強く、人の心にとても敏感な子供でした。まわりが考えていることや感じていることを察知して、いつも気を使ってばかりの人生でした。

そのくせ自分の心に対してはまったく鈍感で、自分が怒ったり悲しんでいたりしても、それを自覚することができませんでした。そうして感情のため込みを続けた結果、

30代前半に、とうとう関節リウマチという難病にかかってしまったのです。

リウマチになったことをきっかけに、生まれてはじめて自分の心と向き合いました。全身を襲う痛みに耐えながら、なぜ自分が病気になったのか、いったい何がいけなかったのか、とことん追究しました。そこで見えてきたのが、まわりのことばかり優先し、いかに自分の気持ちや感情を無視してきたか、ということです。

「病は気から」といわれるように、精神面が肉体に影響を与えることはよく知られています。精神的なバランスが崩れると、内分泌系、自律神経系、ホルモン系などがバランスを崩し、病気になってしまうことは医学的にもいわれています。

自分でもまったく知らないうちに、大きなストレスを抱え込み続けていたことに、病気になったおかげでようやく気づくことができました。そして、とことん自分と向きあったことで、リウマチは自己免疫疾患であり、自分自身の免疫が自分の細胞を壊していく病気で、その背景には自己否定の感情が隠れていることも知りました。ため込んだ怒りなどの感情の矛先を、自分自身に向け続けたことが、そのまま「自分を破壊し続ける」という症状として現れたのでした。

そのような気づきを経て精神的なケアを続けた結果、全身の痛みでほぼ寝たきりだった状態から、わずか1年ほどで、リウマチを完治させることができました。

その後は、周囲に求められるまま、同じ病気に悩む人たちのために、カウンセラーとしての活動をしはじめました。カウンセリングやセミナーを通じて、いかに自分を大切にすることが重要で、自分の心の声にちゃんと耳を傾けてあげることが大切かということを訴えていきました。

そんななか、ある出会いがきっかけで、腸にアプローチすることで、自分にどんな感情がたまっているのかをリーディングし、それらの感情やトラウマを簡単にリリース（解放）できることに気づいたのです！

カウンセリングをすれば、病気の原因となっている問題は見えてはきますが、いざ問題を解決するとなると、むずかしいものです。

「自分を大事にしてね」と言っても「大事にするってどういうこと?」と、何をすればいいのかわからない人も多いのが実情です。実際、私がそうでした。でも腸にアプローチして精神を癒す方法を探求していくうちに、問題を解決するには、頭で考えなくとも、おなかからアプローチしていけばいい、ということを知りました。

腸に働きかければ、カウンセリングだけではなかなか解決しなかった問題も、簡単に解決することができます。これは、病気にかかった人たちだけではなく、日々、悩みを抱えながらがんばっている多くの人の役に立つ! と直感した私は、これを体系化させる作業に取り組みはじめました。

「本物こそシンプル」が、私の信条です。誰でも簡単に学べて再現性が高く、いかに安全なセラピーにするかが、開発の際の指標になりました。そうやって出来上がったのが、腸から心のストレス、トラウマ、メンタルブロック、コンプレックスなどを解消できる「腸心セラピー®」です。

腸心セラピー®では、腸のかたくなった部分にストレスやトラウマの原因となっている感情が隠れていると考え、その部分をゆるめることで、悩みや問題の根本原因をリリース（解放）していきます。

その結果、幼少期の虐待体験や犯罪被害によるトラウマですら、たった1～2回のセラピーで気にならなくなるという、劇的な変化も起こせるようになりました。腸の声を聞くことができるようになれば、自分自身をより深く理解するきっかけになり、どんどん生きるのが楽になります。そのメカニズムには、目に見える世界だけではなく、目に見えない世界も関連していますが、そのあたりも本文で詳しくお話ししていきますね。

それではみなさん、腸と心の不思議な世界を一緒に旅していきましょう！

監修、推薦の言葉

統合医療クリニック「松田医院 和漢堂」院長　松田史彦

腸に心がある、それどころか腸は本当のあなた自身である。そのことがはっきりわかっていく素晴らしい本です。人間は感情と思考という人間ならではの素晴らしい能力を持っています。しかし同時にそれは大変厄介なものでもあるわけです。情報過多で不安な現代、それに苦しんでいる方が大変多いのがまさに今です。そんな方々に素晴らしいニュースとなるのが腸心セラピー®なのです。

腸と心の関係は、医学の世界では「脳腸相関（brain-gut interaction）」と呼ばれ、脳と腸に働く自律神経やホルモン、神経伝達物質の研究がさかんに行われています。さらに腸内フローラの影響も大きいことがわかり、現在では「腸内細菌—脳—腸相関」などとも言われます。さらに腸は脳から独立して独自に考え、働くことが医学的にも証明されてきているのです。そういった理由から、今では腸は第2の脳であると考えられています。しかし発生学の見地からいうと、受精卵が育つとき脳より先に腸が形成されていくのです。という事は、医学的にも「腸は第2の脳ではなく第1の脳だ」と言って良いかもしれません。つまり、腸こそ本当の自分だと言えるのです。

この本では、渡邊千春さんの深い見識のもと、狭い、狭い医学の世界を軽々と飛び越え、西洋医学、東洋医学、量子物理学、心理学、世界や日本の歴史と伝統、人生哲学、波動、スピリチュアル、人類全体、大宇宙にまでおよぶ、実に壮大で広いテーマをとり扱いながら腸の秘密が語られていきます。しかも豊富な実例を紹介しながら、とても分かりやすい言葉で書かれています。

情報に振り回され、自分自身を失って悩んでいるあなたに、本書と腸心セラピー®は、本当の自分を取り戻す素敵なツールとなることでしょう。

腸は宇宙の全てを記憶している

もくじ

第12章 「腸心セラピー®」実例集 133

第1章 なぜ腸に働きかけるの⁉

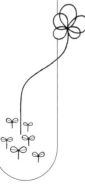

腸には感情が集まってくる

腸心セラピー®では、腸のかたくなった部分に特殊なアプローチをすることで、ストレスやトラウマの奥にある「ネガティブな感情」をリリース（解放）していきます。また、その位置や深さによって、どのような種類の感情を抱えているかもだいたい分かります。

根深いトラウマや複雑な悩みを解消したいなら、専門のセラピストによる施術が必要になりますが、セルフケアコースで学べば、日常のストレスや軽いトラウマを、自分自身でもリリース（解放）することができるようになります。具体的なやり方は本書では書ききれないため、ここでは、腸心セラピー®がどんなものかイメージしやすいように、簡単な流れをご紹介します。

1　まず脳で、気になっている出来事、解消したいと思っているストレス的な状況を思い浮かべ、そのときに生じた怒りや悲しみなどの感情を思い浮かべる。

2　感情が量子として腸に集まってくる（感情〈エネルギー〉は量子＝物質として存在しており、量子にはフォーカス〈意識〉すると集まるという法則がある）。

↓

3　腸のかたくなった部分に感情が集まっているととらえ、その場所を特殊な方法でゆるめる。

↓

4　感情がリリース（解放）される。

↓

5　ストレスやトラウマ、コンプレックスなどの悩みが解消される。

不思議ですが、ストレスを強く感じた出来事や、ショックが大きすぎてトラウマ化してしまった出来事を思い出すと、腸が部分的にかたくなります。感情のエネルギー（量子）がフォーカス（意識）されたことで、腸という感情を司る臓器に集まり、腸細胞内の水分の波長に影響を与えることで、ピンポイントにかたくなる部分が出てくるのです。

このかたくなっている部分をゆるめる段階で、クライアント側には大きな気づきが起こります(自覚できるかできないかは問いません。無意識下での気づきも含みます)。そこにアプローチされたことで、ずっと抱えながら見えないようにしていた感情や、病気や問題の真の原因となっているトラウマ、隠されたストレス、場合によっては過去生と思われる記憶や宇宙意識までもが出てくるのです。

気づくということが、リリース(解放)の大きな一歩となります。長年にわたって無意識下に隠し通されてきた感情の記憶たちは、気づいてもらえたことで、その「存在欲求」と「承認欲求」が満たされます。存在するもの全てが持っている、このふたつの欲求が満たされることで、本当の意味でのリリース(解放)が可能となるのです。

このあたりについては、後ほどさらに詳しく見ていくこととします。

昔の人は腸に感情が宿ることを知っていた?

最近、腸の状態が心に及ぼす影響について、ＳＮＳなどでもいろんな情報がでてくるようになりましたが、腸と心の密接なつながりについては、ずいぶん昔から知られていました。

たとえば、日本語には「**腹**」や「**腑**《はらわた》」といった言葉を使った表現がたくさんありますが、これらはやはり感情が腹部に宿るということを表しています。

●日本語にある様々な表現
↓**腹**が立つ
↓**はらわた**が煮えくり返る
↓**腑**に落ちる
↓**腹**を割って話す
↓切**腹**（名誉のため潔白を証明したとの説）

しかも、これは日本語だけにかぎったことではありません。なんと英語などの他の言語でも「腸」が感情を表すといった表現は存在しているのです。

●英語にある様々な表現
↓guts「腸・根性・ガッツ・精神・感情」
↓have guts「腹がすわっている」
↓gut feeling「直感」

●ドイツ語にある様々な表現
↓aus dem bauch entscheiden「直感で決める」
↓Schmetterlinge im Bauch haben「胸がドキドキする」
（※直訳：お腹の中に蝶々がいる）

また、古くからある中医学の世界でも「七情」と内臓の関係が語られています。七情とは、怒、喜、憂、思、悲、驚、恐のことをいいますが、それぞれの感情が内臓に影響しているという考え方です。

●中医学における七情と内臓の関係

↓怒は、五臓の「肝」を傷める
↓喜は、度が過ぎると心臓や脳を表す五臓の「心」を弱める
↓思いは、心配の意味を含み、消化器系（五臓の「脾」）を傷める
↓悲しみ憂いは、呼吸器系（五臓の「肺」）を傷める
↓驚きや恐怖は五臓の「腎」を傷める

これらのことからも、**感情はどうやらおなかのあたりにたまるらしい**という考えは決して新しくはないようです。

腸と感情と長期記憶との密接な関係

腸心セラピー®は、虐待体験、性犯罪などの被害体験、震災などの被災体験といった、長年抱えている根深いトラウマであっても確実に解消に導くことができる画期的なセラピーです。

実は、長期記憶と感情と腸との間には密接な関係があります。脳の中には、日々体験したり学習したりしたことをいったんためておく「海馬」と呼ばれる部分があります。この海馬が「記憶の司令塔」として、その体験や学習内容を短期記憶にするか、長期記憶として記録するかを分類する役割をになっています。

そして、その海馬のすぐ隣にあるのが、「扁桃体」と呼ばれる感情を司る部分です。人が不安や恐怖といった感情を感じると、この扁桃体が活発に活動することがわかっています。そして、この扁桃体の動きが記憶の司令塔としての海馬の働きにも大きな影響を与えているのです。

それはつまり、**強い感情をともなう体験であればあるほど、長期記憶のほうに分類される**ということです。もう何年も昔のショックな出来事や辛い体験を、まるで昨日のことのようにリアルに思い出すことができるという経験は、きっと皆さんもされているのではないでしょうか。

そして、海馬と扁桃体があるあたりを、大脳辺縁系と呼びますが、人間の喜怒哀楽といった感情や、食欲、性欲、睡眠欲などを司るこの大事な部分は、自律神経を介して腸と繋がっていて、お互いに情報のやり取りをしています。

腸心セラピー®で腸にアプローチすると、クライアント本人が忘れているような古い記憶を、脳の表層意識で思い出すことがよくありますが、これも、海馬（長期記憶）と扁桃体（感情）と腸との間の密接な関係によるものだと私は考えています。

感情が解放されるとなぜトラウマが消えるのか

先に述べたように、不安や恐怖といった強い感情を感じる体験をすると、その体験は何年たっても忘れられない長期記憶に分類保存され、いつ思い出しても悲しみや恐怖、怒りの感情を再現し続ける、いわゆる**「トラウマ」**となります。

つまり、トラウマとは、「強いネガティブな感情をともなった記憶」であるといえます。では、逆に**トラウマから強いネガティブな感情をリリース（解放）**すれば、いったい何が起こるのでしょうか。

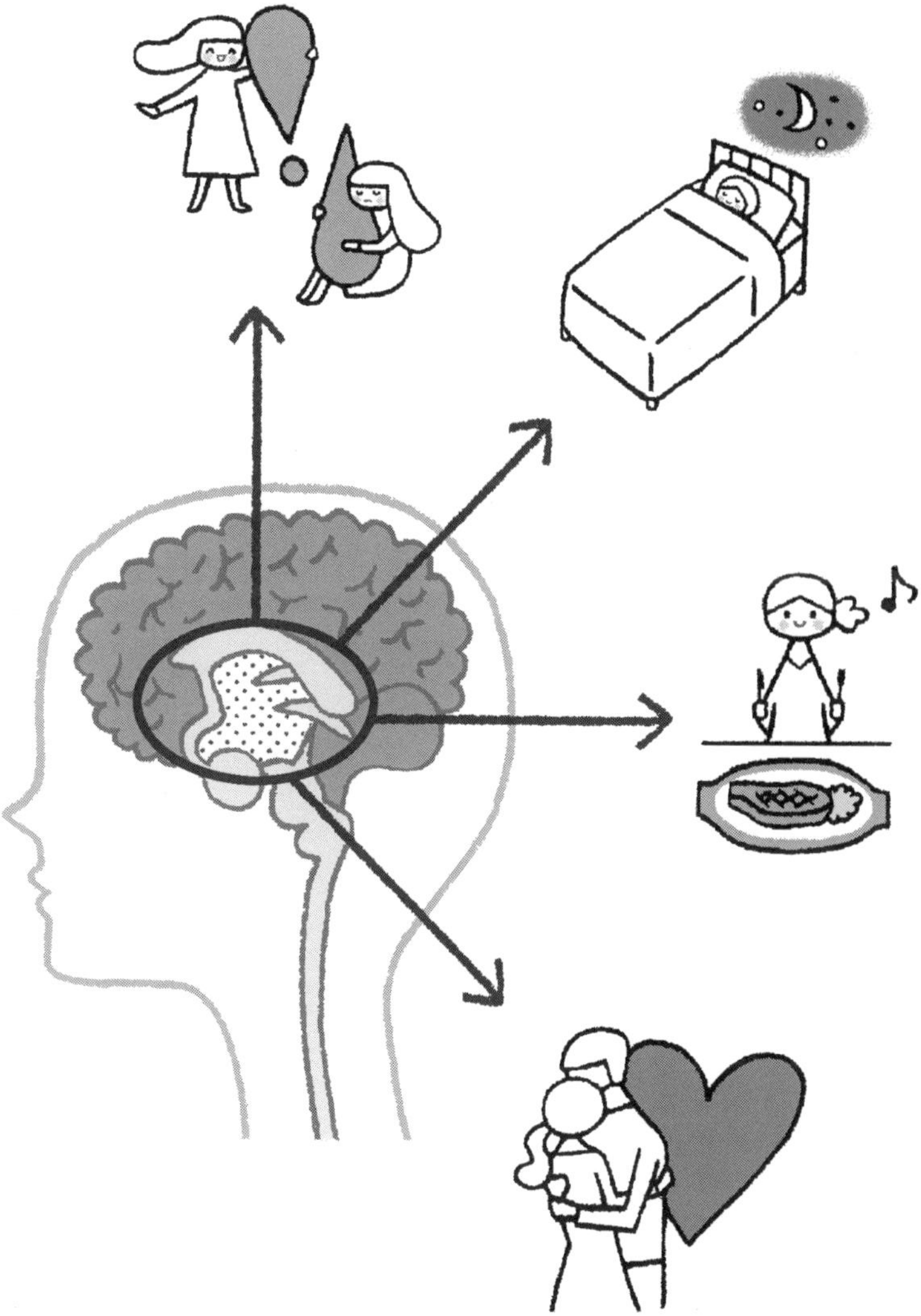

具体的には、次のような変化が訪れます。

↓思い出しても辛くない。心の痛みを感じない
↓昨日まではリアルだったのに詳細を思い出しにくくなった
↓思い出すこと自体が少なくなった
（意識すれば思い出せるが、普段は思い出さなくてすむ）
↓夢で繰り返し見ていたが、その夢を見なくなった
↓その出来事を客観視することができるようになった

出来事の記憶が消えるわけではありません。たとえば虐待されたことも犯罪被害にあったことも覚えてはいます。しかし、思い出してもネガティブな感情がともなわなくなった記憶はもはやトラウマとはいえず、そこから解放された後の人生は、信じられないくらい明るく楽しいものになっていきます。

腸心セラピー®とは、まさにそのために開発されたセラピーなのです。

第2章 腸さえあれば生きていける!?

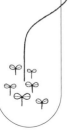

腸はすべての臓器の大もと

今、「腸活」「菌活」などといって、健康のためには腸の働きを活性化させることが重要という考え方が一般的になってきています。腸が生物にとっていかに重要な部分かは、進化の過程を見てもわかります。わたしたちのからだは食べたものからできており、腸は食べものを分解して、からだを構成する細胞の材料をつくっています。

食べる
↓
消化吸収する（細胞をつくり、エネルギーを生み出す）
↓
排泄する

という生命を維持する仕組みは、どんな生物でも同じです。

地球上に誕生した初期の生物には、腸管しかありませんでした。アメーバなどの単細胞生物から、線虫などの多細胞生物に進化したときにも、管に口と肛門がついて、ただウニョウニョとからだをくねらせて動き、食べて排泄するだけの活動をしていました。

その後、常に食べ続けるのはたいへんだから、「食べ物をためておく場所があったら都合がいい」、という意識が芽生えて、腸の一部が胃に進化していったのです。それと同じように、心臓や肝臓、腎臓など、口から肛門までに存在するすべて内臓が、腸からそれぞれの目的を持ってつくられていきました。腸は、すべての臓器の原点であり、すべての臓器の性質をあわせもっているとも言えるのです。

生命活動のほとんどは腸だけでできてしまう

現代人の多くは、**脳主体**で生きていますが、脳も、もとはといえば腸内に存在する神経細胞が発達し、束になってできたものです。それに、脳は腸で分解した栄養素なくして働くことはできません。

感情は脳にあるととらえられがちですが、感情や気分をコントロールして心の安定を保つ神経伝達物質「セロトニン」のおよそ95パーセントは腸でつくられ、脳では3パーセントしか分泌していないといわれています。腸は科学的にみても感情を司っている臓器ということができると思います。

また、腸には5億個の神経細胞と1億個のニューロンがあり、それは猫のもつ脳と同じくらいの大きさだといわれています。つまり腸は脳から指示がなくても、独自の意思で働くことができる自立した臓器なのです。

私の古くからの友人で、腸心セラピー®の講師でもある消化器科の元看護師は、「腸を抜き出しておこなう手術のあとは、腸を当初の状態にきちんと戻す必要はなく、ざっくりとおなかに入れるだけでいいのだ」と言っていました。そんなに適当で大丈夫なの？　と心配になりますが、腸自身がもとの位置を覚えていて、自分で移動するのだそうです。まるで自ら考えて動く意思のある生き物のようですね。

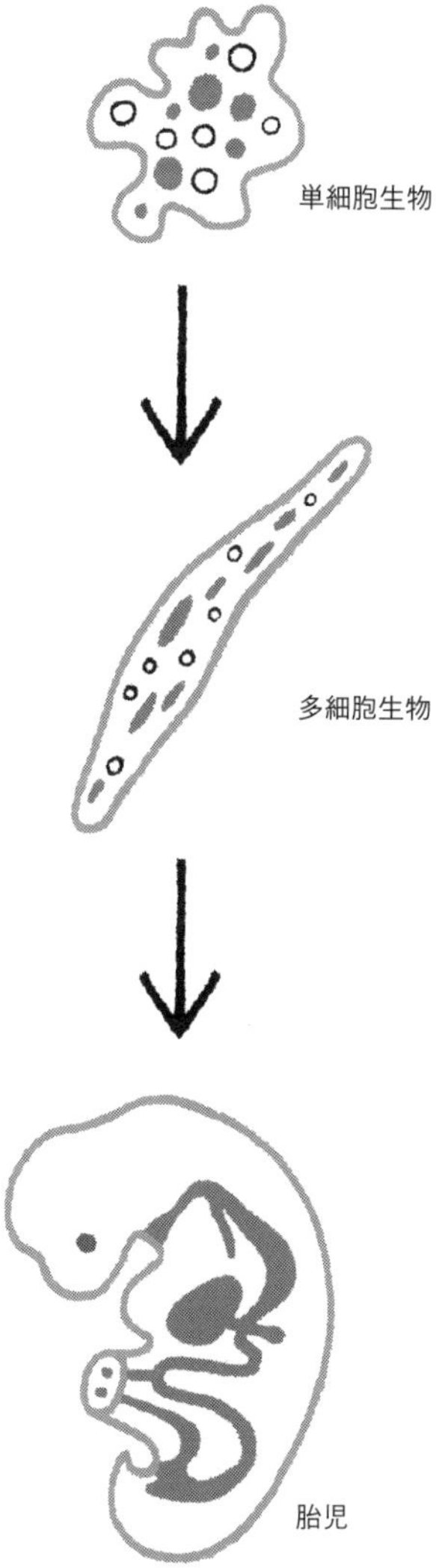

単細胞生物から多細胞生物への変化

人間と違って、生物のほとんどは**腸主体**で生きています。たとえばホヤの幼生は、泳いで終《つい》の住処《すみか》を探しますが、「この岩場に住もう」と思って腰を落ち着かせると、自分の脳みそを食べて栄養にしてしまうそうです。脳の大きな役割は運動神経を司ることなので、もう一生、泳ぐ必要がないから、脳は不要ということでしょう。

人間も同じようなもので、たとえ脳の大部分が死んでも、腸だけで生きていくことも不可能ではないのです。雪山で凍死しそうなときも、最初に凍傷になって犠牲になるのは手足などの末端で、そのあとは脳が死に、腸は最後まで本能的に守られるそうです。

つまり、生命の基本活動のほとんどは腸だけでできてしまうのです。

第3章 退化した腸感覚を目覚めさせよう

腸感覚が退化して直感も使えなくなった

全ての生命には存在欲求があります。この「存在し続けたい」という欲求から、本能的に危険を察知したり、毒を見分けたりする直感力が発達します。生物の進化の歴史をみていくと、脳がおよそ5億年前に作られたのに対し、腸ができたのはおよそ30数億年前といわれていることからも、腸こそが生命の基本であり、直感は脳ではなく腸で感じ取っているといえると思います。

腸主体で生きているミミズも、本能的に危険を避けて動くことができます。腸は直感的に違和感を感じとる能力に長けています。人間も、昔は今よりもっと腸が発達していて、危険回避能力が高かったのだと思います。

腸による直感は、「生きるか死ぬか」というときに一番よく働きます。いつ敵に殺されるかわからない環境に住んでいたら、直感的に危険を感じとれなければ生きていけません。からだを害するものを食べたら吐き気をもよおしますが、それは脳ではなく、腸が瞬時に危険を察知しておこなう反応です。命を守るためには、脳であれこれ考えている余裕などないのです。

しかし、現代のような生温い環境にいれば、直感を使う必要がなくなり、鈍ってしまいます。今の日本は安全で生命存続の危険度が低くなり、腸の力である直感を使わなくてすむようになりました。ライオンなどの猛獣も近くにいないし、危ない目にはほとんどあわないため、腸の感覚もどんどん退化していってしまったのです。

そして、それと入れ替わるように発達したのが脳です。現代の私たちは、**脳主体**の生き方をしています。現代社会では、なんでも頭でよく考えることが賢いこととされ、勉強ができるほど良い人生を歩めるかのように思われがちです。病気になったときでさえ、自分のからだの声や心の声を聞こうともせず、病気の原因をインターネットで調べまくる人をたくさん見かけます。

しかし、からだの声も心の声も聞かずに、自分の病気の原因に気づくことなどできますか？　それで、治すことなどできるのでしょうか？　たくさん頭で悩んだ結果、悩み事がなくなった経験のある人はどれくらいいますか？　頭だけで解決できた人など、ほとんどいないのではないでしょうか。

脳が発達したのは食事の影響も

なぜ私たち人間が脳優先で生きるようになったかといえば、このように腸の感覚が鈍ってしまったからですが、逆に脳が発達したから、腸意識がさらに退化したという考え方もできます。

人間の脳がこんなにも発達した大きな理由には、食事の影響もあります。古代では調理技術が発達していなかったため、食べ物は火を通さない生の状態のものや、加工精製していないものを食べることが多く、消化吸収のために多くのエネルギーを消費していました。しかし調理技術が発達して消化吸収のよい食品を食べられるようになったことで、それまで腸が消化吸収のために使っていたエネルギーを、脳にまわせるようになりました。

たとえば食品はペースト状や液状にするほど消化がよくなり、ダイレクトに脳にも栄養がいきやすくなります。脳のエネルギー源はブドウ糖です。昔はジュースでも生の果物を絞った食物繊維を含めたものを飲んでいたのに、今では食物繊維も取り除き、飲んだらすぐに糖分が脳にいくようになっています。ブドウ糖だけを食品から抽出して、加工食品に使用することもあります。そうして効率よくエネルギー補給できる食べ物が増えたことで脳がさらに発達し、人間はどんどん頭を使うようになりました。反対に、消化吸収の働きを活発にする必要がなくなってしまった腸は、縮んで退化してしまったのです。

昔はもっとおなかの声を聞いて、直感に従ってバランスよく生きていた人がたくさんいましたが、今は脳であれやこれやと考える、頭でっかちな人が多くなってしまいました。頭でっかちの人は、なんでも思考で解決しようとして、悩み出したら頭の中だけで悩み、頭の中だけで解決しようとする傾向があります（そして、それが根本解決をもたらすことはほぼありません）。

頭でっかちになって腸の意識が退化することで、本来の自分自身の感覚を拾えなくなって病気になる人や、自分らしく生きることを忘れて疲れきってしまっている人、同じことをぐるぐると悩み続けている人など、人生がうまくいかない人が増えているように感じます。そうした負のループから抜け出すためには、腸の意識、おなかの感性をいかに取り戻していくかが鍵になるのです。

腸の声を、脳の声で消してしまわないこと

腸の意識を再発見するには、食生活の改善や運動などによって腸内細菌を増やして腸を活性化させることも大切です。同時に、腸心セラピー®を取り入れて腸の感覚に意識を向けることで、おなかの感性を取り戻し、直感を養うこともできます。

腸心セラピー®では、「腸は感じる臓器。脳は考える臓器」ととらえ、「感じること」を大事にすれば、腸意識も活性化されると考えています。

しかし、腸がせっかく感じ取ったものを、脳が邪魔してしまうこともあるので、注意が必要です。もし、「イヤだな」とちょっとでも感じることがあれば、腸は違和感

を覚えているはずです。でも、そのとき脳が「こんなことくらい、イヤだなんて思っていたら、仕事にならない」「イヤだと思う自分は、なんて怠け者なんだ」などと考えて、腸がせっかく感じ取った感覚を否定し、押さえ込んでしまうのです（感情のため込み）。

たとえば、お世話になった人がいて、腸が「なんとなくイヤだ、その人に会いたくない」と反応することがあります。でも脳では、「大人としてきちんと接しなければダメだ。お世話になったからちゃんとお返ししなきゃ」と考え、腸の感覚を感じないようにしてしまうのです。

昔の友だちにお茶に誘われて、「会わなくなって10年もたつし、本当は話がもうあまり合わないから、断りたい」と腸は感じているのに、脳が「そんなことを考えたら悪い。考えないようにしよう」と、本当の気持ちに蓋をしてしまうこともあります。

自分で、「本当の気持ちに蓋をして相手に合わせようとしている」ということに気づき、腸の声を優先して行動できればいいのですが、実際にはそうはいかないことも多いものです。感じたままに動くことができない場合であったとしても、ちょっとした違和感を無視せず、「ああ、本当は私、イヤなんだな」と、自分自身がわかってあげるだけでもいいと思います。腸の声を聞くことができるようになれば、感情をため込まずにすみ、より生きやすくなっていくのです。

反対に腸の声を聞かずに、自分の本当の感情に蓋をし続ければ、いつかどこかで感情が爆発したり、私のように心やからだの症状という形で表れたり、いつまでも仮面をかぶったままの人生を歩むことになり、自分の本当の生き方や気持ちがわからなくなったりしてしまいます。それは、とても悲しく辛いことです。

「なんとなく」を大事にすれば元気になれる！

「腸の声を聞くといっても、どうすればいいの？」という人は、「なんとなく」の感覚を大事にしてみるといいでしょう。意味もなくフッと湧いた「なんとなく○○な感じ」という感覚を見逃さずに行動してみてください。それが、おなかの感覚を取り戻していく第一歩になります。続けていけば、どんな場面でも、自分に必要なものを選んでいけるようになります。

この感覚を大事にして、腸の声を拾うことができれば、それは人生のすべてにおける幸福につながっていくのですが、ここでは分かりやすく心身の健康というテーマに絞ってお話ししてみます。

なんとなくからだに合ってないと感じるものを食べ続けたり、なんとなくストレスを感じていても気づかなかったりの生活を続ければ、いつか病気になってしまいますよね。腸の感覚を拾えるようになれば、「なんとなくイヤ」という感覚に必ず気づくようになるので、からだに合わないものは食べなくなったり、ストレスになることをさっと避けたり、すぐに対応できて病気になりにくくなります。これは、病気になりにくい「心づくり」でも、同じことです。

病気のときの食事でも、この病気には砂糖はダメだとか、塩分は控えたほうがいいとか頭で考え、脳だけで献立を組み立ててしまうと治りにくいので、腸の声を優先できるようにしていきましょう。食べたときにどんな感覚があり、腸をはじめ、からだがどう反応するかによって、その人に本当に必要な食事がわかるのです。

同じ病気でもどの食事があっているのかは、全員違います。Aさんにとっての良い食事療法が、Bさんにとっては毒になることもあります。1000人いたら1000通りの自分にあった食事療法があるのです。

人はみんな、生きてきた背景が違います。どのようにからだのバランスを崩しているかもみんな違います。だから食事療法でも治療法でも、その乱れたバランスを調整していく方法には、ひとつとして同じ組み合わせはないはずです。病気の治療法は本来マニュアルにできるようなものではなく、病気になった人それぞれが自分で感じ取って、「オンリーワンの治し方」を作っていくしかないのです。

そして、それは病気の治療に限らず、人生をどう生きるかということにも当てはまります。人生もまたひとつとして同じものはないのです。だから、「なんとなく」のおなかの感覚をキャッチしながら生きていくことが、幸せな人生のためにとても大切になるのです。ぜひ退化してしまった腸感覚を再活性化して、それぞれの**オンリーワ**

ンの人生を見つけて欲しいと思います。

第4章 見えない世界からみる腸心セラピー®

この世界のすべての存在は、エネルギー体をまとっている

目に見えないエネルギーの世界からも、腸に感情が宿っていることを説明できます。

目に見えない世界、というと、少し不思議に感じるかもしれませんが、人間や動物、植物や鉱物など、この世界に存在するすべてのものは、必ず目に見える物質と、目に見えないエネルギー体とで成り立っています。たとえばお茶を飲むカップ、動植物や道に転がっている石も、目に見えないエネルギー体をまとっています。この世界のすべてのものは、「物質とエネルギー体」という2種類のものが重なりあってできているのです。

人間もエネルギー体をまとっていて、それはオーラとも呼ばれています。人間は、肉体に備わっている目に見えるものを感知する五感（視覚、聴覚、嗅覚、味覚、触覚）とは別に、オーラ層に備わっている**目に見えないエネルギーを感知する五感**も持っています。まとっているオーラ層に存在する五感によって、対象のエネルギー体を感じ

取るのです。意識はしていなくても、誰もが、見えないものを見る目、聞こえないものを聞く耳、香りのないものを嗅ぐ鼻……をもっています。それは、いわゆる第六感と呼ばれているものです。

たとえば、花の写真を見ただけで花の香りを感じる人もいますが、その人はエネルギー体側の嗅覚が発達している人だといえるでしょう。花の写真そのものは肉体側の視覚がとらえていますが、実際にはしないはずの花の香りを嗅いでいるのは、オーラ層に備わった側の目に見えない**「第3の鼻」**なのです。人によってどの感覚が発達しているかは、それぞれです。聞こえない声が聞こえる人はエネルギー体の聴覚が、オーラが見える人は、エネルギー体の視覚が発達していると言えます。

感情を司る第2・第3チャクラはおなかにある

人間の肉体の各ポイントには、チャクラという7つのエネルギー中枢、体内と体外のエネルギーの交換を行っている場所があります。これは、ヨガやアーユルヴェーダなどの概念としてもよく知られています。

人間のまとっているエネルギー体は、私たちのからだの周囲に、周波数の違ういくつかのエネルギー層として存在し、それらの層と7つのチャクラは対応しています。これがよく知られているオーラ層と呼ばれるものです。

チャクラは心やからだの状態によって開いたり閉じたりし、心身の健康・感情面や感覚と関わっています。腸心セラピー®の扱う領域はおなかですが、感情と関連のある第2チャクラと第3チャクラはおなかにあります。つまり、おなか（腸）に働きかけることは、エネルギーの面から見ても、感情に働きかけるために理にかなっているのです。

第1チャクラから第3チャクラまでは地球側の現実的（物質的）な世界の領域と関わっています。第5チャクラから第7チャクラまでは宇宙側の精神的な世界の領域と関わっています。そして、この天と地の2つの世界をつなげているのが、第4チャクラ（ハートチャクラ）となります。

今、スピリチュアルブームによって、第5チャクラから第7チャクラを開こうとしている人がたくさんいらっしゃいますが、目の前の現実や感情と向き合わずにいきなり宇宙とつながると、地に足がつかず、バランスが悪くなってしまいます。目に見えない世界とつながることができても、お金に困ったり、仕事がうまくいかなかったり、人間関係にトラブルが生じたりと、現実の世界で満たされない状況になってしまい、場合によっては精神的に不安定な状態を作ってしまいます。

この地球上に生きるからには、まずは地球と関わる第1、第2、第3チャクラの部分をしっかりケアすることです。私たちは目の前に広がる現実的な世界を経験するために生きています。ときには辛いこともありますが、目を背けて逃げてしまっては魂の成長は望めませんし、つながった先が宇宙ではなく実は動物霊などの低次な存在だったという笑えないことも起こりえます。

まずは、地球上での充実した人生を目指すことが、その後のスピリチュアルな開花のためにも大事だと思います。そのためにも、第2、第3チャクラが担当している「肉体を持っての体験」や、それによって生まれた「感情」としっかり向きあい、上手に

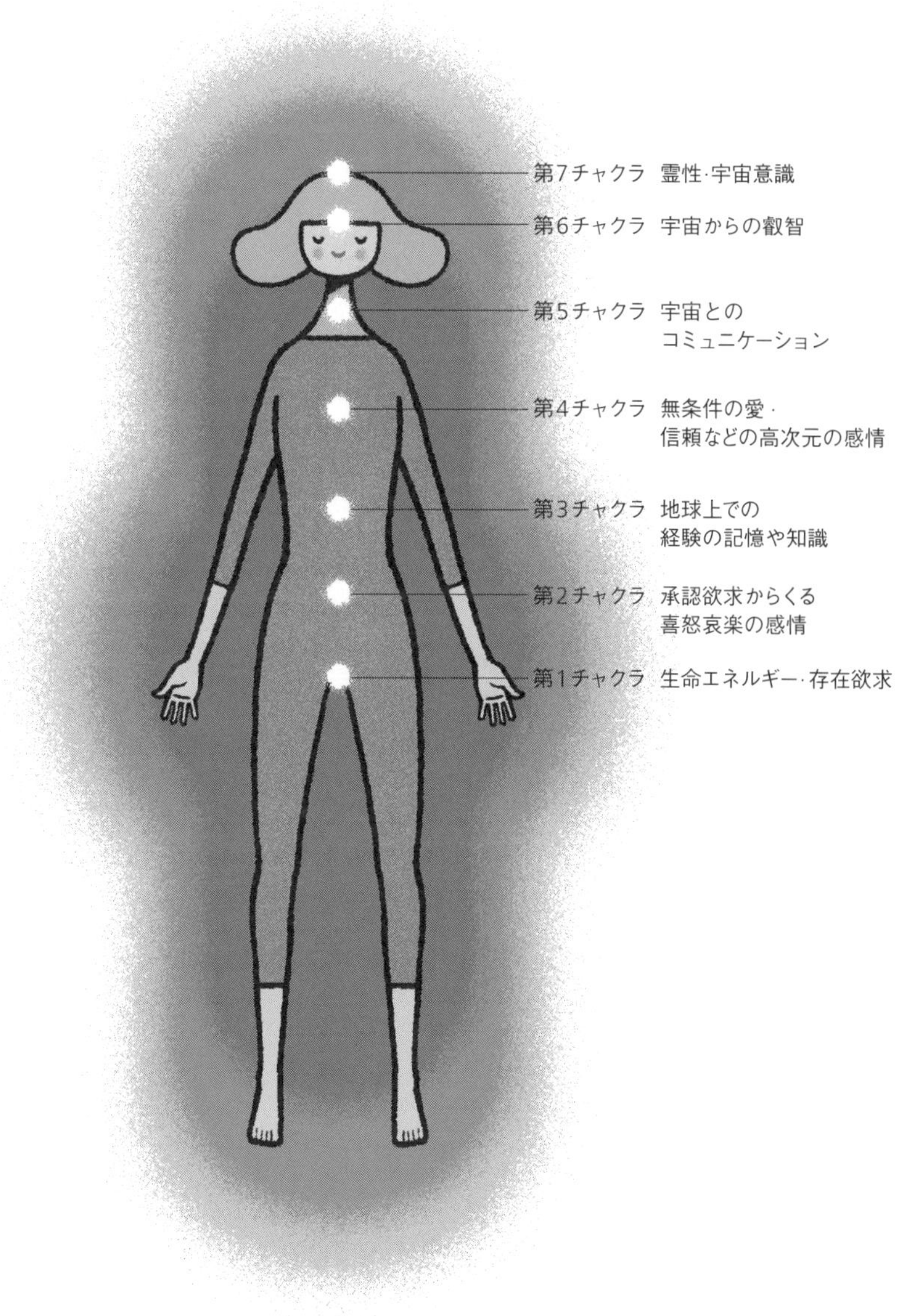
第7チャクラ　霊性・宇宙意識
第6チャクラ　宇宙からの叡智
第5チャクラ　宇宙との
コミュニケーション
第4チャクラ　無条件の愛・
信頼などの高次元の感情
第3チャクラ　地球上での
経験の記憶や知識
第2チャクラ　承認欲求からくる
喜怒哀楽の感情
第1チャクラ　生命エネルギー・存在欲求

リリース（解放）しながら、魂の成長を目指していきましょう。

新しい未来を描くために、溜め込んだ感情を手放そう！

一時期、「ポジティブシンキング」という言葉が流行りました。とにかく前向きに考えよう、良い言葉を使うようにしよう、良いイメージを持とうという自己啓発法です。それ自体はとても素晴らしいことだと思いますし、私自身もリウマチのクライアントさんにアファメーション（肯定的な言葉を使った自己暗示法）をお勧めすることがあります。

しかし、これらの方法をおこなっている人たちを観察していると、どんどん人生が好転する人と、ほとんど変化しない人、むしろどんどん悪くなる人に分かれることに気づきます。同じことをしているのに、この違いはどこからくるのでしょうか。**私は、その人がどれだけ過去の感情をリリース（解放）できているかの差から生じると思っています。**

目の前に１枚の白紙の画用紙があると想像してください。そこに「好きな絵を描いていいよ」と言われたら、きっと自由に描けると思います。しかし、あらかじめ下絵のようなものが描いてある画用紙を渡されたらどうでしょう。その上に好きな絵を描くことができますか？　どうしても下絵にひっぱられて、自由に絵を描けないのではないでしょうか。人によっては、下絵をなぞってしまうかもしれません。

過去の辛い体験にともなう感情をリリース（解放）しないまま、新しい未来のイメージを描こうとするときには、これと同じことが起こっている可能性があります。良いイメージを描いているつもりでも、無意識下では過去の体験をトレース（模写）してしまっているだけかもしれません。

たとえば、何度も恋愛に失敗してきた人が、未来の理想のパートナーをイメージしたとします。何度もアファメーションを繰り返し、表層意識ではとても前向きになれています。しかし、潜在意識はこう感じているかもしれません。「どうせ、またロクでもない男にひっかかるのがオチだ」と。

そうなると、イメージすればするほど、アファメーションすればするほど、理想とは正反対の結果が訪れることになります。なぜなら、無意識下では、「またロクでもない男に引っかかる」というイメージを、実は何度もすり込んでしまっていたということになるからです。

ネガティブな感情を効果的にリリース（解放）できる腸心セラピー®は、下絵だらけの人生の画用紙を、白紙に近づけていくことができます。過去の失敗の体験も、思い出してもなんとも思わなくなるので、過去に引っ張られることがなくなります。白紙に近い状態の画用紙の上なら、好きな未来の絵をいくらでも描くことができ、夢や理想も実現しやすくなるのです！

不都合な出来事をしっかり見つめる勇気を

「変わりたいのに、変われない……」と悩んでいるなら、過去に錨《いかり》を下ろしていないかどうか、見つめ直してみてはいかがでしょうか。

錨を下ろして船を停留させることを「アンカリング」といいますが、アンカリングしていると、どんなにがんばってエンジンをかけても、船は前に進むことができません。

第1章の「腸と感情と長期記憶との密接な関係」で述べたように、**感情は過去の記憶を固定する錨（アンカー）**のような役目をするものです。感情に蓋をして腸にため込むことは、錨をしっかりと海中に下ろして船を固定しているのと同じことです。どんなに前に進みたいという向上心があっても、一歩も前に進めません。まずは錨を外すこと。ため込んだ感情を解き放って解消し、前に進む準備をすることが先決です。

たとえば「お金持ちになりたい」と思っても、「お金の心配」という思いグセがあると、どんなに努力してもお金のない状態から抜け出せません。望みとは反対に、「お金の心配」という感情につられて、「お金がない」現実が引き寄せられます。考えないようにすればするほど、目をそらせばそらすほど、お金のない状態を再認識させられるような、急な出費があったり、ボーナスがカットされたりといったことが起きます。するとまた「お金の心配」がふくらんで、さらに大きな「お金のない状況」が引き起こされ、さらに現実から目をそらすという悪循環となっていくのです。イヤな出来事から目をそらせばそらすほど、それを認識させようとする出来事がいつまでも起こり続けます。

腸心セラピー®は、現実に起こった出来事をしっかり見つめて、自分の感情を認識してあげることで、未浄化の感情をリリース（解放）に導くセラピーです。一般的には、「見たくない」と蓋をした感情と向きあうことは、問題が大きければ大きいほど苦しい作業になるのですが、腸心セラピー®のいいところは、物理的に腸に働きかけるだけで、**苦しむことなく、あっさりと感情をリリース（解放）できる**ところにあります。そうして感情を手放せば、次の瞬間から、「今ここ」を生きる第一歩を踏み出すことができるのです。

第5章 感情は存在欲求（自己愛）によって生じる

私たちは「存在欲求」と「承認欲求」を満たすために生まれた

なぜ私たちは、こんなにも自分の感情と向きあうことを避け、本来自分自身の一部であるはずの感情をうまく扱うことができず、振り回されてしまうのでしょうか。そもそも、感情とはいったいなんなのでしょうか。

感情がなぜ生まれるかは、少しスケールの大きな話になりますが、宇宙の成り立ちと関わっています。「宇宙はどのように成り立っているのか」については、科学的にも、スピリチュアル的にも、さまざまな見解があります。なので、ここでは「私の感じる宇宙」のお話をさせていただきたいと思います。

宇宙や地球がどうやってできたかについては、あらゆる宗教が「最初に思いありき」とか「最初に言葉ありき」といっていますが、何もなかった無の状態から、わずかな**「存在したい」という意識**（思い・言葉）が生じたことがきっかけだと考えられます。わずかな意識が振動となり、それが継続することで波形を描き、波形が大きくなると量子が生まれ、そこから宇宙や地球、あらゆる物質の素となる原子が生じたのです。

宇宙は、そうして生じたあらゆる物質・生命の多様な**経験**によって成長するものと考えます。宇宙はすべての物質・生命の源です。

私たち人間も、個であるのと同時に宇宙（全体）の一部として、五感や感情を使ってあらゆることを経験し、それをやがて宇宙に持ち帰ることで、宇宙の成長に貢献しています。私たちは、この地球上で多様な経験をするために、肉体をもって生まれてきているのです。

この世界に存在しているすべてのものは、最初に「存在したい」という意識（思い・言葉）がないと、生まれません。一度存在することができたらあとは存在し続けられるかどうかがテーマとなります。そこから「存在し続けたい」という「存在欲求」と、「存在を認識したい・自分が何者なのか知りたい」という「承認欲求」が生まれるのです。

存在がなくなりそうだと不安になります。存在が無視されたら悲しいし、存在を否定されたら腹もたちます。逆に、存在を認められたらうれしくなります。このようにして、喜怒哀楽の感情が条件反射で生まれるようになります（第2チャクラで味わう感情であり、第4チャクラで味わう無条件の愛や信頼とは別のもの）。つまり、私たちがもっている感情のすべての大もとは、自分の存在を存続させ大切にしたいという思い＝**「自己愛」**からスタートしているのです。

「五感」があるから存在していることがわかる

宇宙に存在するものはすべて「存在欲求」と「承認欲求」をもっています。私たちも、私たちの源である宇宙も、みんな「自分が確かに存在している」ことを確認したいし「自分が何者なのか」を知りたいのです。それを確認するために必要なのが、地球上での私たちの肉体がもつ「五感」と「感情」です。つまり、自分の存在を確かめるためには、三次元の物質世界と、それを認識するための肉体の持つ感覚がどうしても必要となってくるのです。

Get!

ここでちょっと想像してみてほしいのですが、もし視覚、聴覚、嗅覚、味覚、触覚といった感覚が突然消えて何も感じられなくなったら、どんな感じがするでしょうか？

何も見えず、何も聞こえず、匂いも味も感じず、皮膚の感覚さえ一切ありません。自分がまるで消えてしまったような感じがしませんか？　自分だけでなく、周囲まで消えてしまっているようにも感じられるのではないでしょうか。**つまり、肉体が持つ五感がなければ、私たちの実体は、なくなってしまうのです。**五感はこのように物質世界に自分という存在がいるという実感をもたせ、「ここに確かに存在している」という「存在欲求」を満たすために必要不可欠なものです。

「感情」は「存在欲求」と「承認欲求」を満たす手段

では、「感情」は宇宙の欲求をどのように満たしているのでしょうか。感情もまた、存在しうるものすべてがもつ「存在欲求」と「承認欲求」がもとになっています。心理学の世界では、この地球上で私たちが体験するありとあらゆる感情の源は、「愛」

と「恐怖」だといわれていますが、どちらにも根底には「自分の存在を守りたい、認めてほしい」という本能的な欲求が隠れています（※ここでの愛は第２チャクラで味わう感情であり、第４チャクラで味わう無条件の愛とは別のもの）。

「愛」をもっとも強く感じるのは、自分の存在が満たされたときであり、「恐怖」をもっとも強く感じるのは、自分の存在がなくなりそうなときです。この「愛」と「恐怖」というふたつの大もととなる感情に、五感を通じての肉体の体験が加わることで、不安、怒り、喜び、心配、緊張、といった、その他のバラエティ豊かな感情が生み出されていきます。

たとえば、

恋人に大切にされたとき
自分の仕事が評価されたとき
おかあさんにハグされたとき
成功体験で自分に価値を見出したとき

こんなときにはうれしい、楽しい、ワクワク、感謝の気持ちが起こりますよね。これらはすべて、自分の存在や価値が認められたことによって生じる感情です。「愛」をベースとした、ポジティブな感情がどんどん生まれます。

一方で、

仲間から無視されたとき
病気になったとき
ひどい言葉で罵倒されたとき
手元のお金がなくなりかけたとき

こんなときには、悲しい、寂しい、腹が立つ、心配などの気持ちが起こると思います。こちらのほうは、すべて自分の存在や価値が否定されたときや、傷つきそうになったことによって生じる感情です。「恐怖」をベースとした、ネガティブな感情が生まれます。

ネガティブな感情も受け入れて

私たちはネガティブな感情を、良くないものとしてできるだけ見ないようにしたり、否定したりしてしまいがちですが、「愛」と「恐怖」のどちらの感情にも、根底には「自分の存在を守りたい、認めてほしい」という欲求があります。自分を大切に思っている気持ちがなければ、ネガティブな感情も生まれません。宇宙から見れば「愛」を根底とした感情も、「恐怖」を根底にした感情も、どちらも同じくらい重要なのです。

ポジティブであっても、ネガティブであっても、どんな感情が起きたかが問題なのではなく、感情そのものが「存在欲求」と「承認欲求」を満たすものであり、宇宙の成長をうながす大事な素材なのだということを知っておくことが大切です。さまざまな感情を持つことによって、自分が確かに存在していることを確認することができ、「自分が何者なのか」を知る手がかりになっているのですから。

人はネガティブな感情をイヤがって否定しますが、ネガティブな感情を見なかったことにするのは、「自分の存在を守りたい、認めてほしい」という欲求を否定してしまっていることと同じです。**つまり、自分の感情を否定するということは、自己否定をしているのと同じなのです。**

ネガティブな感情を見ないようにしたり、押さえ込んだり、それを出してしまったことを反省したりすることは、自分で自分の存在を否定しているのと同じこと。感情が本来果たしたい目的と真逆のことを自らしてしまっていることになります。

たとえネガティブな感情が芽生えたとしても、決してそれを否定せず、その存在を認めてあげてほしいと思います。どんなに悲しくても、腹立たしくても、それらは自分や宇宙のためになくてはならない愛しいものなのです。

第6章 感情そのものにも存在欲求がある

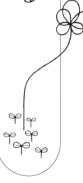

感情は普段はどこに存在している？

感情は生まれると量子となって物質化し、それを生み出した本人から「存在を否定されてしまう」と、目に見えない**未浄化の**エネルギー体として、私たちのオーラ層の第2～3層のアストラル体のあたりを浮遊しはじめます（このオーラ層は、ちょうど腸心セラピー®で扱う第2～3チャクラに対応しています）。そして、感情はその存在を認めてもらうまで、そこに漂い続けます。**実は、感情そのものにも、存在を認めてもらいたいという「存在欲求」と「承認欲求」があるのです。**

腸心セラピー®では、まずはクライアントに具体的な悩みやトラウマを思い浮かべてもらい、そこにともなっているネガティブな感情に、あえてフォーカスしてもらいます。そうすることで、アストラル体を漂っていた未浄化の感情エネルギーは、「肉体側の感情を司る場所＝腸」に集まってきます（量子にフォーカスすると集まるという原理を利用）。そして、その集まってきた感情エネルギーが、腸にピンポイントに反応を起こすのです。

この反応した部分に、腸心セラピー®の特殊な技術でアプローチすると、クライアント側には気づきが生まれます。とっくに乗り越えたと思っていた悲しみが、実はまだ残っていたことや、病気の本当の原因が忘れていた幼少期の体験からきていたこと、実は憎んでいた相手からただ認められたかっただけだったこと……。

この気づきは、無意識下で起こることも多々ありますが、**自分の感情に気づいて認めてあげると、感情そのものが持つ「存在欲求」が満たされ、未浄化だった感情は浄化されます。**そうなるともう、その感情は三次元のアストラル体の中を漂い続ける必要はなくなり、宇宙の成長に貢献するために「全ての源」に還っていきます。このように腸心セラピー®は、本当の意味での感情のリリース（解放）を可能にするセラピーなのです。

未浄化の感情は人格をもって浮遊し続ける

感情は一度生まれると、その存在を認めてもらえない限り、人格をもって空中（アストラル体の層）をさまよい続けます。ちょっと怖い話ですが、たとえば誰かのことを強く「うらやましい」と思うと、本人は無意識でも「うらやましい」という感情だけが一人歩きをしてしまうのです。悪気はなくても、その感情を対象となる相手に飛ばしてしまい、悪影響を与えます。それは「生き霊」と呼ばれることもあります。

もしその感情をもった人がすでに亡くなっているとしたら、それは「残留思念」とか「霊体」などと表現されることがあります。では、それらの残された未浄化のままの感情は、どうやってその「存在欲求」を満たそうとするのでしょうか。

感情は肉体を持って生きている人間にしか、解放することができません。私たちが未浄化の感情を抱えたままでいると、似たような「残留思念」や「他者の感情エネルギー」が、一緒に解放される機会を求めて集まってきます。まるで小判ザメのようにくっついて、一緒に承認してもらえる日を待ちわびているのです。

待つだけならまだ可愛いのですが、ときにはその感情を大きく表出させて、さっさと浄化されようと画策します。皆さんも自分の意思とは思えない行動を、ついついとってしまった経験はありませんか？　それは、もしかしたら自分以外のエネルギーに突き動かされた結果だったかもしれないのです。

強い感情をリリース（解放）せずに抱えたまま死んでしまうのは、生きているものにとっては、かなり迷惑な話です。自分から生じたものの責任を取らず、後世まで影響を及ぼしてしまうわけですから。生きているうちにスッキリきれいに片付けて、地球を汚さずに宇宙に還りたいものです。

似た感情同士は引き合って増幅する

腸心セラピー®をしたときに、腸から出てくる感情の記憶が、クライアント本人の記憶であることもあれば、そうではないこともあります。

あるクライアントの例ですが、大きな悲しみが出てきたけれど、それが自分の感情ではないことに本人が気づきました。どんどんセラピーを進めていくと、小学生のときに父親が仕事で失敗してショックを受けている姿が出てきました。子供だったその人は、父親の悲しみを一緒に感じていたわけです。このように、**家族などの身近にいる人の感情を、自分の体験として共有してしまう**ことはよくあります。とくに小さな子供は、他人との境界線がまだあやふやなため注意が必要です。

感情はエネルギー体として実在し、目には見えませんが、空中（人のオーラにあるアストラル体の層）を量子の状態で漂っています。だから、近くにいる人同士のエネルギー体は、混ざりあうこともあります。人と接するとエネルギーの交流が生まれるのです。隣の人が感動して泣き出したら、共振共鳴作用で自分も感動して泣いてしまったり、部屋に10人の人がいるとして、そのうち4人の機嫌が悪ければ、その他の人もみんなイライラし出したりするといったことはよくあります。

似たような波動が集まると共鳴して増幅することもあります。音もそうですが、こちらで音叉をチーンと鳴らし、少し距離を置いた場所でも同じ周波数の音叉を鳴らして、音叉同士を近づけると、音が増幅して広がります。感情のエネルギーも同じです。だから、たとえば何かの同じ対象物に対する怒りのエネルギーも、その場にひとりでいるときより、同じ思いを抱えているもう一人と一緒にいるほうが、はるかに大きく感じるようになります（ヘイトデモなどが広がってしまう原理）。

影響を受ける感情は、生きている人のものの場合もあれば、亡くなった人のいわゆる残留思念の場合もあります。そうした影響を受けたくないのであれば、他の人がもつ感情に同調しないことと、自分自身のため込んだ感情をさっさと解放してしまうことです。

たとえば、何か事故があった現場で被害者を「かわいそう」と思えば、同じように感じた人の感情が集まってくるということが起こります。逆にいうと、ある人が怒りの感情を抱いていて、それを認めずに放置していた場合、放置された感情は、自分の「存在欲求」を早く満たすために、別の人の似たような怒りの感情にくっついてしまうことがあるのです。

自分にも同じ感情がなければこの同調は起こりません。霊媒体質でいろいろなエネルギーを集めてしまう人もいますが、それは自分の中に未浄化の感情がたくさんあるからです。ため込んだ感情の量が多ければ多いほど、増長するものの種類も量も多くなります。

別の人の感情にくっつかれると、自分の感情と結びついて大きな感情に育ってしまいます。よく「積年の恨み」と言いますが、最初は小さな怒りだったはずなのに、5年くらいたったらものすごく強い怒りになっていることがあります。それは自分以外の人の感情が少しずつくっついていき、まるで雪だるまのように膨らんだ結果であることが多いのです。

一見すると温厚に見えながら、実は感情をため込んでいるタイプの人がめずらしく喧嘩をしたときには、過去の出来事までさかのぼって怒り続けることがあります。自分の中にため込んでいたものが「芋づる式」に出てきて、怒り出すとコントロールできなくなるのです。この場合も、自分ではない他者の感情が便乗して出てきている可能性があります。

喧嘩だけではなく、虐待の背景にも、こうした**感情の増幅**が隠れている場合があります。子供に対して怒っているように見えて、自分がため込んだ過去のストレスや怒り、また、自分以外の「どこの誰に対して向けられたものかわからない」怒りも混ざってしまい、必要以上に子供にきつく当たってしまうということも起こります。

感情をあまりため込んでいない人の場合は、こんな風にはなりません。目の前の出来事に対して怒りはしますが、その場かぎりのことだけで終わります。感情を出しても長引きはしません。いつまでもグチグチいうこともなく、しばらくするとケロッといつも通りに戻っています。いわゆる「竹を割ったような性格」の人です。

もし、感情がコントロールできない経験を繰り返しているのであれば、この**感情の増幅**を疑ってみるといいかもしれません。自分がため込んでしまった未浄化の感情エネルギーをリリース（解放）していくことで、このような現象も起こりにくくなります。

欲求エネルギーがふくらむと現実化する

犯罪が起きる理由にも、未浄化の感情エネルギーが関係しています。殺人が起きた場合も、犯人ひとりの意識だけで起きたわけではないことが多いのです。

たとえば、殺したいほど嫌いな人がいる人間が20人いたとして、それぞれが「あいつ、いなくなればいいのに」とか、「あの人ムカつく、殺したい」という同じような感情を抱えつつそれを否定してしまっていると、未浄化のままの感情エネルギーは引き寄せあって増幅し、エネルギー層にクラウド（雲）状の集合体をつくります。これは「集合意識」と呼ばれているものです。そして「殺したい」という集合意識は、それを実現可能な条件を備えたたったひとりを選んで、その人のところへインスピレーションを届けて、思いを現実のものとします。同じ思いを抱えた20人のうち、たったひとりだけが、実際に殺人を犯してしまうのです。

これは犯罪に限ったことではなく、発明なども同じ原理で起こります。「こんなものがあったら便利だな」という思いが集まって、実現可能な人のところへインスピレーションが届いて発明がなされます。なぜ電話が発明されたのかといえば、離れた場所で人と話せたらいいな、と思った人がたくさんいたからです。自動車でも飛行機でもなんでもそうですが、それが存在してほしい、という「存在欲求」がたくさん集ま

CLOUD
TV
TV
TV
TV

らなければ、何も生まれることはないのです。

なにごとでもそうなのですが、感情エネルギーが大きくふくらんで、ある一定量までたまると現実化が起こるのです。現実化するということは、逆にそうしたことを存在させうる意識がたくさんあったということになります。

災害や事故が起きる裏にも、こうした法則が働いています。何か災害の映像を見て、「たいへんだ！」「かわいそう」「不安だ」「怖いな」……、という感情がたまると、次の災害を引き起こすのです。いつも同じ場所で交通事故が起きるのも、多くの人が「そこは事故が起こるところだ、怖いな」と思ったことが関係しています。思いのエネルギーは目に見えませんが、現実を動かす大きな力をもっているのです。個人の抱えているネガティブな感情を解放することは、大きくみればこのような災害や事故を減らすことにもつながっていくのです。

第7章 同じことが何度も起こる理由

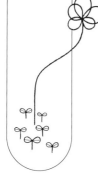

同じことが何度も起こる理由

もし未浄化の感情と向き合わなかったら、何度でも同じ感情を感じさせるような出来事が起き続けます。「怒り」があるのに、「私は怒っていない」「怒ることは悪いことだ」と、その感情を認識しなかったり、押さえ込んだり、否定したりすると、さらに怒らせるようなことばかりが起こります。その存在が認識されるまで、その人を怒らせるような出来事が起き続け、それでも認識されなければ、起きる出来事の程度もどんどんエスカレートしていきます。怖がりの人のところには、なぜか怖がらせる出来事ばかりが起きるし、寂しがりの人には、寂しがらせるような出来事ばかりが起きるのです。

たとえば、職場でいじめの被害にあったとします。すると「怖い・悲しい」という感情が生まれますが、そこで「私はいじめられていない。平気だ。家族には言えない」と、しっかりその感情と向き合わずに目を背けてしまうと、「怖い・悲しい」という感情はリリース（解放）されず、また次のいじめを引き寄せます。

ものごとは、エネルギー（感情）があるから、現実化します。現実化するから、また感情（エネルギー）が生まれます。そしてまた、そこで生まれたエネルギー（感情）が、新たな現象を引き起こす……というように、悪い循環が永遠と続くのです。しかも、繰り返し同じ思いをすることで、感情エネルギーは増幅され、状況はだんだんと悪くなっていきます。そうならないようにするためには、いつ、どこで、なぜ、何がきっかけでその感情が生まれたのか、しっかりと自分と向きあって、さっさと手放してしまうことです。

困った状況こそが感情をリリース（解放）する大チャンス！

では、ある人に起こった職場でのいじめについて、少し詳しく見てみましょう。本人は、いじめを繰り返し引き寄せている「怖い・悲しい」という感情を初めて感じたのは、小学校で初めていじめられたときだと記憶していたとします。ところが、腸心セラピー®でこの感情にアプローチしてみると、もっと過去の2～3歳のころに、母親から、「あんたはドジだから」と怒鳴られて否定され、悲しかったという全く違う記憶が見えてきました。

人はショックが大きいほど、そのことを「早く忘れよう、見ないようにしよう」としますが、すると存在欲求を満たされなかった感情が「認めてもらえなかったから、認めてもらえるように、もう一度同じような出来事を引き起こそう」と次の現象をつくります。それが幼稚園になっても、小学校に行っても、就職しても、いつも誰かからイジメられ、同じ感情を味わうような悲しい出来事を繰り返し引き起こし、それをさらに見ないようにすることで、どんどんエスカレートしていった原因だったのです。

そして、いよいよその感情を認めざるを得ないような大きな出来事が起こって、やっと現実に向き合えたとき、その感情はようやくリリース（解放）のきっかけを得ます。そして、感情が解放されると、もう悲しい出来事の連鎖が起きなくなるので、人生がどんどん良くなっていきます。**いわば、人生における困った出来事は、それまでため込んだ感情をリリース（解放）する大きなチャンスでもあるのです。**

感情を引き寄せるエネルギーのつくり込みをしたのが今回の人生のこともあれば、

過去の人生のこともあります。また、別の人と共有している集合無意識からきていることもあります。いずれにせよ、その感情を引き寄せた原因は、必ず自分の中にあります。なぜその感情が起きたのかの原因を見ていくには、とても深い内観が必要です。

何度も同じような感情を味わうような出来事が続くなら、一度しっかりと自分の感情と向き合ってみるといいでしょう。ストレスやトラウマが大きすぎて、感情と向き合うのが困難な場合もあります。そうしたときは、腸心セラピー®のような感情の解放に特化したセラピーでリリース（解放）すると、苦しむことがほとんどなく、とてもラクに解消できます。感情は「存在欲求」が満たされればちゃんと浄化されます。するとその後から、新しいポジティブな感情も経験することができるようになるのです。

第8章 自分を癒すこと＝人類全体を癒すこと

腸心セラピー®は、感情をラクにリリースできる

深く内観していくことは、その出来事がショックなものであればあるほど、辛く、時間のかかる作業になります。腸心セラピー®では、脳を使って感情を掘り下げるタイプの内観の手法ではなく、腸に物理的に働きかける手法を用いることで、簡単に、ラクに感情を解放していくことができます。

腸心セラピー®では、ストレスやトラウマとなる出来事を思い出すことは必要ですが、その原因がどこにあるのか、過去の記憶を掘り起こそうとする必要はありません。また、セラピストに辛い体験の一部始終を話す必要もありません。言葉にすることなく、腸に働きかけるだけで、自然に感情が解放されていきます。

人によっては、理由はわからないまま自然に涙だけが出てきて、心がスッキリして、そのあと同じようなイヤな出来事が起こらなくなることもあります。また、腸に働きかけることで、本人も気づけなかった大もとの原因が自然に思い出されることも多く、

そのことで感情が満たされて解放されていくこともあります。そうしたことができるのは、腸が、今生だけではなく、過去生やもっと昔の生物だったときのことまで記憶している臓器だからです。

感情は、生まれてはじめて本人から認めてもらえ、存在欲求を満たされたことによって、その人のオーラ層の外へ移動し、体験を宇宙の成長のために持ち帰るべく、「全ての源」に還っていきます。一度生じた感情は、宇宙から消えることはありませんが、自分から離れることで気にならなくなり、その感情を引き寄せたストレスやトラウマを、冷静に客観的に見ることができるようになります。

腸心セラピー®を受けることで、イヤだなと思って頭から離れなかった出来事が思い出しにくくなったり、苦手だと思っていたものが気にならなくなったり、毎日気になっていた悩みごとが、意識にのぼらないほど遠くなっていくのです。

腸心セラピー®で、地球の感情の大掃除をしよう！

腸心セラピー®をすると、その人の感情だけではなく、そこにくっついていた他の人の感情や、亡くなった人の残留思念なども一緒にリリース（解放）されます。過去に生きてきた人たちが、地球上にたくさんの感情を残してしまっているので、そうしたものの影響は、生きている人にとって、結構大きなものです。

この世界に生きている人、一人ひとりが自分の感情をリリース（解放）することで、ネガティブなエネルギー（感情）が集まって集合意識になることを防ぐので、集合意識によって引き起こされる事件や事故なども起きにくくなっていきます。

私はこれまでに、腸心セラピー®で多くのクライアントの感情を解放してきましたが、毎回**「集合意識の大掃除」**をしているくらいの気持ちでやっています。それと同時に、自分が死んだときに後世に余計なエネルギー（感情）のゴミを残さないように、毎日せっせと腸心セラピー®でセルフケアもおこなっています。

源

第9章 毎日できる感情のおそうじ方法

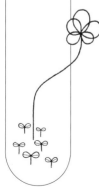

感情を豊かに表現していこう

感情をため込まないようにするためには、自分の感情としっかり向き合い、その存在を認めてあげることです。それを毎日寝る前などにこまめにできるといいですね。腸心セラピー®のセルフケアを学んで、それを毎日続けてみるのもいいでしょう。もしくは、第11章でご紹介する「オモシロ腸相診断」で、日々の感情のチェックをすることも、自分の感情に気づいて認めてあげるのにオススメです。

未浄化の感情エネルギーは、その人の周囲（オーラ層）に漂っていますが、それが多い人ほど、たくさんのゴミを抱えながら歩いているようなものです。喜怒哀楽の激しい人のほうが、実はオーラ層が汚れていないことが多いのです。感情が生まれたら、そのつど少しずつ、ちゃんと感情を発散することも大切です。怒るときは怒って、悲しむときは悲しんで、そのあと気持ちを切り替えて、次の瞬間には笑っていられるようになるといいですね。

何か心配なことがあったら「不安だわ〜」と愚痴ったり、気に入らないことがあれば「やめて〜」とちゃんと相手に伝えたり、そのあと、あっけらかんとしている。私の中では明石家さんまさんが、ちょうどそのイメージに近いです。このタイプの人は、あまり感情をおなかにためていないように思います。

感情をそのつど発散したほうが良いからといって、あえて怒りを相手にぶつける必要はありません。自分が怒っているということ、悲しんでいるということ、不安だということを、自分自身がわかって認めてあげるだけでいいのです。

自分自身をジャッジしないこと

普段から自分の感情を、「良い、悪い」とジャッジしないことも大切です。第6章でお伝えしたように、ネガティブな感情も必要だから生まれてくるので、ちゃんと見て認めてあげてほしいと思います。その方法は、普通に心の中で「あ、私、不安なんだな。だって病気って言われたから。これからどうなるかわからないし、そりゃ不安にもなるよね」とつぶやくような感じで大丈夫です。腹が立ったら、「あんなひどいこと言われたから、私は腹が立っているんだ。怒って当然だよね」と、自己完結してしまえばいいのです。すごく簡単なことですよね。

感情はためずにそのつど出してしまうほうがいいといわれても、現実的には、その場で感情を発散しにくい場面が多いものです。心の中でそのとき生まれたばかりの感情を、先ほど述べたような方法で素直に認めてあげるだけでも十分です。そうすれば感情をため込まなくてすみます。

どんなことでもそうですが、自分が見ていないもの、認識していないものは、そもそも取り扱うことができません。たとえば目の前のコップでも、その存在を見て認識しているからこそ、実際に手に持って動かすことができるようになるのです。**認識しなければ、動かすことはできません。それは感情も一緒です。**

たとえば「怒り」の感情でも、ちゃんと「私は怒っていたんだな」と認識してあげれば取り扱うことができます。感情に蓋をしすぎて、自分の本当の気持ちが見えなくなってしまっているときは、腸に聞けばいいと思います。

「私はどう感じてるの？」とおなかに触りながら聞いてみて、おなかがかたくなった位置を見れば（第11章参照）、自分の本当の思いに気づくきっかけになります。脳で考えてもわからないことも、腸に聞けば答えてもらえます。腸とおしゃべりする感覚で、気軽にやってみてはいかがでしょうか。

すべてを「自分軸」でとらえてみよう

怒りや悲しみなどの感情に突き動かされたときは、その出来事を人のせいにせず、「自分ごと」としてとらえてみると、なぜそこで感情が動いたのかといった、ものごとの本質が見えてきます。

たとえば「腹が立つ」という感情が生まれたとき、「あの人がこうしたから」と他人の中に原因を探すのではなく、「私はなぜ、あの人を見て腹が立ったんだろう」、と一人称でとらえ、自分の中にその反応を起こした原因を見ていくのです。すると、必ずといっていいほど、その反応を起こした大もとにある、過去の未浄化の感情が出てきます。

たとえば、Aさんがすごく苦手で、会うだけで腹が立つとします。なぜこんなに腹が立つのかを考えるとき、「Aさんの何が問題なのか？」とAさんの言動や性質について見るのではなく、Aさんに対して反応を起こしている自分の中になにか原因があると考えてみるのです。この場合も、子供の頃にずっと苦手だった同級生と、目の前のAさんの顔や雰囲気が、そっくりだったことに気がついたりします。同級生に対して持っていた過去の感情が、現在のAさんへの苦手意識を引き起こしていたのです。

私にもこんな経験があります。仕事上で男性Bさんに会う機会がありました。数日前にメールで連絡を取り合い、初めて会うことになったのですが、約束の日が近づくにつれて、どんどん会うのが億劫になってきてしまいました。初対面なので、当然Bさんから過去にイヤなことをされた経験などありません。でも、なぜかすごく「できれば会いたくない」、という思いが出てきてしまったのです。不思議に思って「どうしてイヤな気持ちが出てくるのかな？」と、おなかに問いかけると、なんと中学生の頃の記憶が蘇ってきました。実は、その頃すごく苦手だった先生の名前とBさんの名前が同じだったのです！　すぐに、腸心セラピー®を使って、中学校のときに抱えた先生への苦手意識をリリース（解放）したところ、Bさんに対しての会いたくないという気持ちも、あっという間に消えてなくなりました。

このように、感情の動きは、自分の内面を探る糸口になります。多くの人は、目の前の現象の原因を相手の中に探してしまいますが、そうではなく「自分軸」で考えてみることが、自身の内面を癒していくヒントになります。**「自分軸」で考えるということは、自分の内面にフォーカスしていくということであり、決して「全て自分のせいで自分が悪い」と考えなさいという意味ではありません。**

目の前で起きるすべての現象は、ただの「出来事」であり、本来そこには良いも悪いもないのです。**ただの出来事を「良い出来事」にするのか、「悪い出来事」にするのかを決めているのも、実は私たちの感情です。**起こった現象にポジティブな感情がくっつけば、それは「良い出来事」として記憶され、ネガティブな感情がくっつけば、それは「悪い出来事」として記憶されます。逆にいうと自分にとっての「悪い出来事」も、そこからネガティブな感情を取り除けば、「ただの出来事」にできるということです。これには、過去、現在、未来といった時系列も関係ありません。

過去の出来事 ＋ ネガティブ感情 ＝ 悩み（トラウマなど）
現在の出来事 ＋ ネガティブ感情 ＝ 悩み（怒り、悲しみなど）
未来の出来事 ＋ ネガティブ感情 ＝ 悩み（不安、緊張など）

今、何らかの悩みを抱えている人は、まずは怖がらずに自分に起こった現象にしっかり目を向けてみましょう。それができたら、「私はどう感じているのか？」を、自分軸で感じてみましょう。自分の感情に気づけたら、その感情がなぜ起こるのか、おなかに問いかけてみましょう。きっかけになった過去の未浄化の感情に気づくことができれば、それだけでリリース（解放）のきっかけとなります。自分ひとりで難しい場合は、腸心セラピストの手を借りてください。

感情を手放せば手放すほど、トラウマもとり扱いやすくなる

目の前で起こった現象が、小さなストレスで終わるか、大きな悩みになるのか、ト

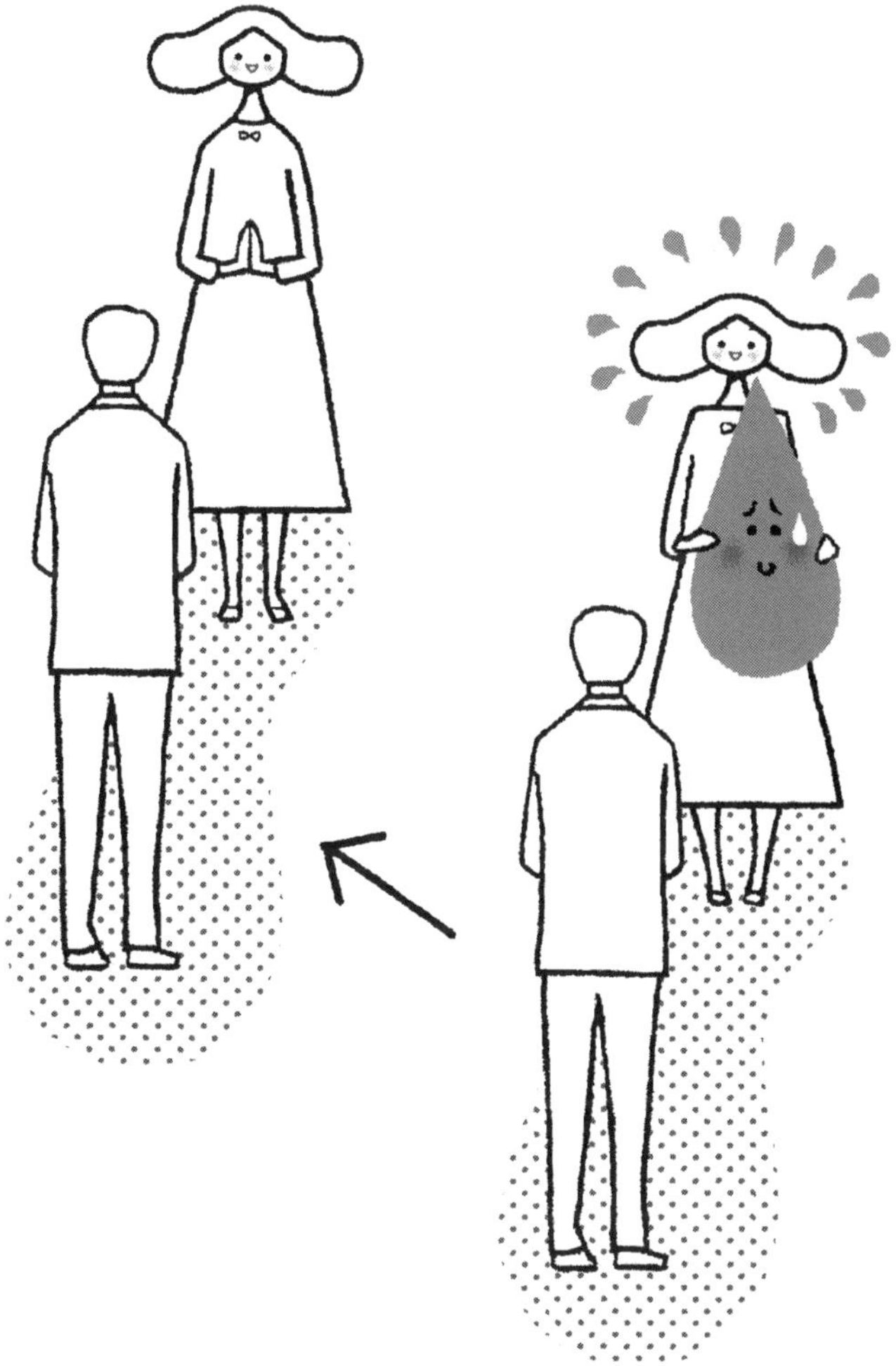

ラウマのような大きな傷となるかは、その出来事にくっついた**感情の種類と量**で決まります。また、最初は小さな悩みであっても、放置しておくことで大きな悩みに変わることもあります。

例えば、「昨日のレストランの店員の対応が悪くて腹がたった」といった体験であれば、感情の種類はとてもシンプルに「怒り」だけで、量もたいしたことはありません。このようなちょっとしたストレスが、トラウマ化することはまずありません。扁桃体もほぼ刺激されないので、長期記憶に分類されることもなく、数日経てば忘れてしまうような軽いストレスのままで終わります。

これが、「幼少期の虐待体験」だとどうでしょう。私のクライアントのCさんは、両親どころか祖父母からもイジメられ、5歳の頃に母親から首を絞められて殺されかけたという壮絶なトラウマを抱えていました。こうなると、そこにくっついている感情の種類も複雑になります。「怒り、悲しみ、恐怖、不安、緊張、寂しさ、罪悪感、憎しみ、自己否定感、無力感、やるせなさ、被害者意識、あきらめの気持ち……」。虐待は大人になるまで続いたため、その量も莫大で、もちろん長期記憶に分類されることになり、何十年たっても昨日のことのように、ありありと思い出すことができる大きなトラウマとなって、その後の人生に影響を与え続けていたのです。

Cさんのように大きなトラウマ体験がある人は、おなかにため込んでいる未浄化の感情が複雑すぎて自分では整理ができないような状態になっています。それは、まるで片付けられない人が住んでいるゴミだらけの部屋のようなものです。部屋には紙くずが散らばり、洗ってない食器や、飲みかけのペットボトルの山、もう使うことのないピアノや、粗大ゴミであふれています。こうなると、自力で片付ける気には到底なれません。

小さな紙くずやペットボトルの山を日々のストレスや悩み、粗大ゴミやピアノを大きなトラウマと例えるなら、まずは日々の自分の感情と少しずつ向き合って、小さなゴミから片付けていくのも良いですし、腸心セラピー®などで、大きな粗大ゴミを一気に捨ててしまうのもどちらもありです。どこからでも良いので取り掛かっていくうちに、ゴミの全体量が減ってきて、分類や整理もどんどんしやすくなっていきます。自力でできないときは、ぜひプロの手を借りてください。

幼少期の虐待体験を持つCさんも、腸心セラピー®を3回ほど受けることで、虐待体験にともなったネガティブな感情を全てリリース（解放）することができました。それ以降は、昔を思い出しても涙することもなく、悪夢を見ることもなくなりました（それまでは、首を絞められる夢を頻繁に見ていました）。「虐待されたのは自分が悪い子だったからだ」という外から植え付けられた不必要な罪悪感も手放すことができ、自分を肯定してあげることもできるようになりました。被害者意識を手放したことで、会社でバカにされることもなくなりました。未浄化の感情の手放しが進むと、未来にも目を向けられるようになってきます。Cさんは、今もたまにセラピーに来られますが、その目的は「彼氏が欲しい」といった前向きな悩みに変わっています。

腸心セラピー®の利点のひとつは、一度リリース（解放）した感情が元に戻らないところです。理由は第6章で述べたように、感情そのものが持つ「存在欲求」を満たすことで、感情エネルギーを「全ての源」に還してあげているからです。ですからCさんのようなケースでも、最初のセラピーでは「怒りと悲しみ」の感情しか解消できなかったとしても、2回目は「罪悪感や被害者意識を」というように、前回の続きからスタートできるのです。何回くらいセラピーが必要になるかは、その人の抱えている感情の種類と量、解消スピードによっていろいろですが、回数を重ねるごとにリリース（解放）は進んでいきますので、最終的には確実にトラウマを完全に手放すことができます。

未浄化の感情は、その存在を認めてあげるだけでも、リリース（解放）は起こるので、内観や瞑想もとても良い方法です。その場合も問題が大きいほど、自分で見るのに勇気が必要だったり、時間がかかったりすることもあるので、プロの指導を受けながらされるほうが確実です。ぜひ自分にあった方法を見つけて、ため込んだ感情のお片付けを進めていきましょう。

第10章　腸の記憶は宇宙まで広がっている

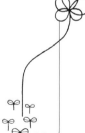

脳は顕在意識を、腸は潜在意識を司る

一般的には、記憶は脳の働きによるものだと思われていますが、腸心セラピー®では、腸のほうがより多くの情報を記憶しているととらえています。なぜなら、セラピーで腸意識にアクセスすると、本人が忘れてしまっている幼少期の記憶や、胎児期の記憶、過去生や、集合無意識の記憶、さらには宇宙意識までが思い出されることがあるからです。

脳は現在の思考や情報の記憶、表層意識（顕在意識）を司り、腸は感情の記憶や深層意識（潜在意識）を司っていると考えられます。表層意識とは、普段認識することができる意識で、氷山にたとえると海面上のたったの1パーセントほどです。深層意識は、無意識の領域ですが、行動に大きな影響を与える部分で、氷山の海に隠れている残りの99パーセントを占めます。

日々考えたり悩んだりを表層意識のところで繰り返していると、その悩みにかかわ

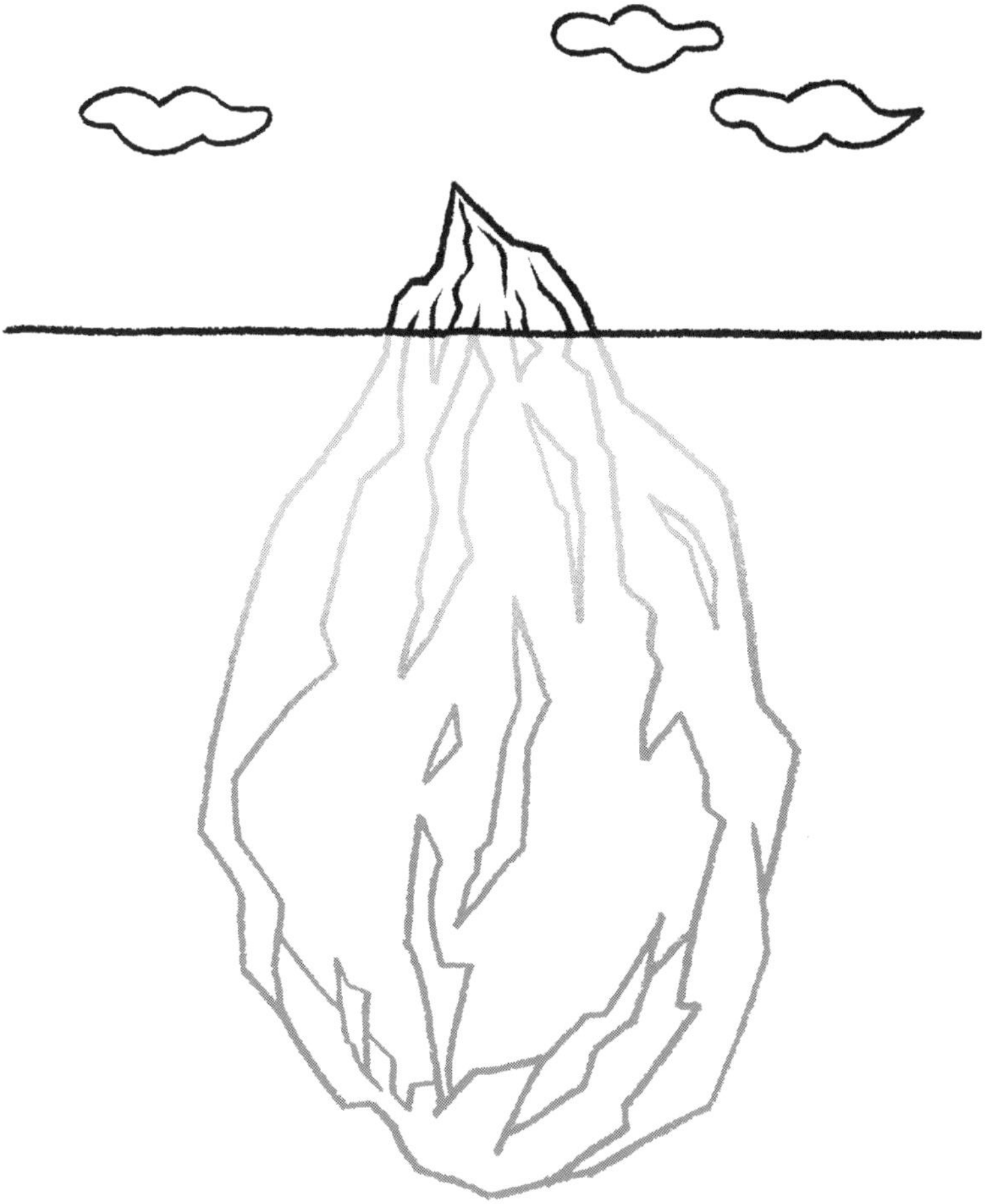

っている感情のパターンが、無意識のレベルで深層意識に深く入りこみ腸で記憶されます。そうして腸（深層意識）で記憶されたパターンが、今度は脳（顕在意識）にフィードバックされて、考え方のクセや思い込みをつくります。何回もくり返す失敗や、やめられない悪い習慣などは、この腸が記憶している感情のパターンからつくられたものです。

一度刷り込まれた考えグセや思い込みは、自動的に日頃の行動や言動として現れ、意識的にやめようと思ってもやめられません。それを改善していくためには、無意識の領域に直接働きかける必要があるのです。腸心セラピー®では、腸が司っている深層意識に直接働きかけて感情の記憶のパターンを解除することで、日常の行動や考え方も自然に変化させていくことができます。

脳は外からの情報と思い込みでできている？

そもそも、脳（顕在意識）で考えていることは、ほぼ自分の考えではない可能性があるのです。脳はＡＩのように、情報を蓄積できるデータバンクのようなものです。

そこには、「おかあさんが教えてくれた」「学校で習った」「お医者さんから聞いた」「ニュースで言っていた」「読んだ本に書いてあった」「〇〇さんから聞いた話」……と、自分の外から得た情報がたくさん詰まっています。「私はこう思う」と自分の意見を言おうとするとき、いったいどこまでが「私」の考えで、どこからが「外から」の情報なのでしょうか。もしかしたら、それは自分の考えではなく、AI脳によって自動的にはじきだされた「外からの情報による回答」なのかもしれません。自分の考えがほとんどないに等しい可能性だってあるのです。

例えば、父親との関係性で悩んでいる人がいました。なんとか解決したくて自己啓発本を読みあさったり、心理学の勉強をしたりして、自己分析をしてみたところ、どうやら小学校時代の親子喧嘩が、関係が悪くなったきっかけだったのではないかと思い至りました。

ところが腸心セラピー®で、腸意識にアプローチしてみると、まったく違う答えが出てくることがあります。このケースであれば、実は幼少期に両親の夫婦ゲンカをみて育ったことで、「いつもおとうさんがおかあさんをいじめている」と感じたことが、親子関係がこじれることになった本当のきっかけだったのです。

病気の場合も同じで、脳は「職場の人間関係によるストレスが原因だ」と思っているとします。でも、腸に聞いてみると、「生まれる前の胎児期に、へその緒が巻きついて死にかけた」といったトラウマが出てくることもあるのです。これは、脳ではなかなかとらえきれない記憶です。

頭の中だけで悩んだり考えたりしていても、それだけでは問題がなかなか解決しない理由がここにあります。脳がはじき出した答えは、たった1％程度の表層意識しかとらえてはおらず、しかも、そのほとんどが外からの情報と思い込みからきている可能性があるのですから……。頭で悩んでも解決しないことは、おなかに聞いたほうがずっと早いのです。

わからないことは腸に聞け！　腸はなんでも知っている

腸にアプローチすれば、脳がもっている記憶以上にもっと古い記憶までたどることもできます。

生物に脳がそなわったのがおよそ5億年前、腸ができたのが35億年以上前といわれています。腸には、生き物として共通の記憶、人類としての共通の記憶などを蓄積できる膨大なデータバンクがあるのです。だからおなかに触って腸にアプローチすると、自分の今回の人生の出来事だけではなく、生まれる前のことや前世の記憶、人類共通の記憶、原始的な生物だったときの記憶、からだをもったことのない宇宙意識や、集合無意識（個人を超えた大きなくくりでの意識）まで出てきます。動物や植物、鉱石などの記憶が出てくることもあります。

これまでにセラピーをしたクライアントさんのケースでは、ある地域に住むイノシシの意識が出てきたことや、宇宙から飛来した鉱石の意識が出てきたこともあります。セラピー中に、弥生語（古代日本語）や宇宙語（本人がそうおっしゃる）を話しだした例も少なからずあります。

それが本人の経験による記憶なのか、または、別の存在の記憶なのかはわかりませんが、とにかくかなり古い時代の記憶が腸には蓄積されているようです。

かといって、腸心セラピー®を受けた際に、必ずしも古い記憶が出てくるとは限りません。初回のセラピーでは、つい最近受けたストレスから取りかかるときもあります。また、過去生のような古い記憶を鮮明なビジョンで思い出すこともあれば、何も思い出さずにただ涙や感情だけが出てくることもあります。音で感じる人、色だけで感じる人、何も見えないし何も感じない人など、セラピー中の反応はさまざまです。

どこの記憶にアクセスするかも全て腸意識にお任せしています。腸の声を聞こうとする際、脳の声が邪魔になることがあるからです。それに、脳の思い込みでアプローチしようとすると、全く見当違いの記憶にアクセスがかかり、セラピーの効果も半減してしまいます。

病気になった原因、人間関係がこじれた原因、どうしてこの親を選んで生まれてきたのか、なぜ自分だけが不幸な目にあったのかなどなど、頭で考えてもわからないことが、人生にはたくさんあります。そんなとき、腸意識が目覚めていると、問いかければ腸が答えてくれるようになります。そして、その原因を作っている過去の未浄化の感情のリリース（解放）に導いてくれるのです。

腸意識を目覚めさせ、おなかの感覚を取り戻すメリットはたくさんあります。直感力が高まり、迷わなくなります。自分の感情にすぐに気づいてあげられるようになるので、未浄化の感情をこれ以上ため込まなくてすみます。おなかと対話できるようになり、わからないことへの答えを得られるようになります。本当の自分とつながることで、外からの情報や思い込みにふりまわされなくなります。そして何より、「自分らしい生き方」ができるようになるのです！

みなさんも、本書をきっかけに腸意識を目覚めさせ、幸せな人生を手に入れましょう！

第11章 実践「自分の腸と対話しよう」

「オモシロ腸相診断」

この章では、腸と対話できるようになるためのひとつの方法として、**「オモシロ腸相診断」**をご紹介します。

オモシロ腸相診断とは、腸心セラピー®の臨床結果から派生して生まれたメンタルチェック法です。おなかに服の上から軽く触れるだけで、現在の心理状態や、性格のクセ、自分でも気づいていない隠れた感情、深層心理を診断することができます。腸心セラピー®のようにピンポイントの感情やトラウマのリリース（解放）はできませんが、自分の本当の感情に気づいてあげることで、心が軽くなる効果が期待できます。また、おなかの声をひろってあげる良い訓練にもなりますので、自身の腸意識を開発することにもつながります。

では、実際にオモシロ腸相診断をやってみましょう。次の手順に従って行い、診断してみてください。脳でいろいろ考えず、「なんとなく」の感覚を大切にやってみてください。

【診断方法】

1　仰向けになってリラックスします。

2　指先を閉じて、指の腹を使って自分の腸を触っていきます。「腸のかたくなっているところを教えて」という意識で行います。

3　かたくなっていると感じた部分を、図（P119）と照らし合わせてチェックして見ましょう。人によっては、全体的にかたい場合もあります。

A　右側の骨盤の内側あたり

ここは「自己否定」につながる感情がたまりやすい場所です。自分のことがあまり好きではなかったり、自分を大切にすることが苦手だったり、綺麗に着飾ることに抵抗があったり……。奥深いところには、幼少期の両親との関係性が隠れていることも多く、「あまり大事にしてもらえなかった」「ほめてもらえなかった」といったトラウマが潜んでいる可能性があります。ここを解放することで、自分のことが好きになっていき、より自分らしく振る舞えるようになっていくことでしょう。

B 左側の骨盤の内側あたり

ここには「他者への怒り」につながる感情の体験や過去の記憶がたまりやすい傾向があります。怒りの中でも特定の誰かといった風に、怒りの対象がはっきりしていることが多いです。苦手な人がいる、嫌いな人がいる、過去にイヤなことをされていまも忘れられない人がいる、誰かのことを恨んでいるといったことはありませんか？

また、怒りの背景に依存心が隠れている場合がありますので、奥深いところには、「誰かに期待して裏切られた」「誰かの言いなりになって失敗した」といったトラウマが潜んでいる可能性があります。ここを解放することで、他者を責める気持ちや依存心が薄れ、毎日のイライラが減ることでしょう。

C おへそから数センチ下の丹田のあたり

ここは自身の「アイデンティティー」に直結する場所です。プライド（自尊心）や

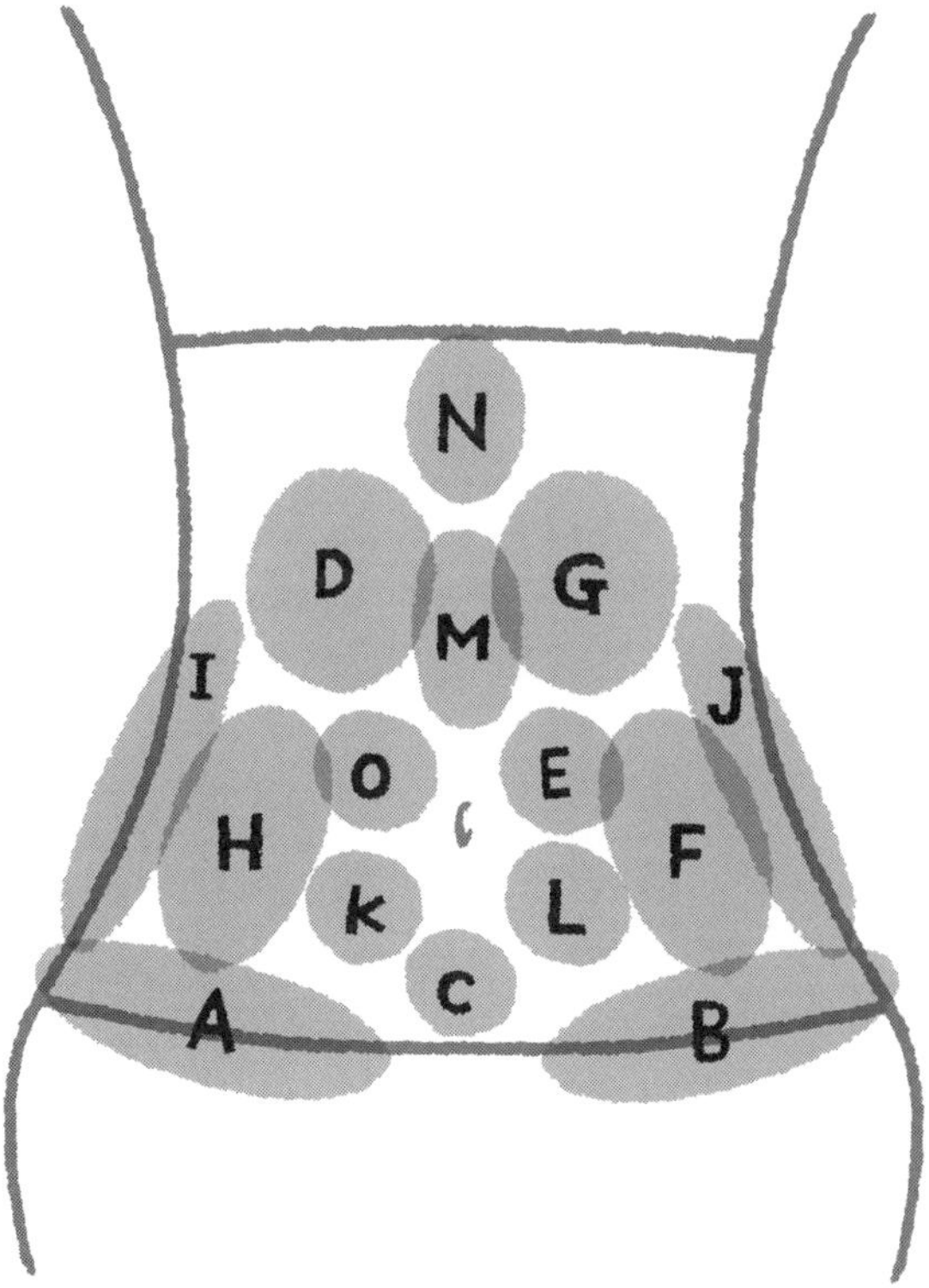
N
D
M
G
I
J
O
E
H
F
K
L
C
A
B

アイデンティティー（自己の存在）を傷つけられた記憶やトラウマがたまりやすく、ここが固い人は、それらの体験から自分に自信がなかったり、存在を否定されるかもしれない恐怖心で思い切った行動を起こせないといった傾向があります。また、ここには胎児期の記憶やバーストラウマ、過去生の記憶なども眠っています（※腸心セラピー®で前世の記憶を思い出す人もいらっしゃいます）。ここを解放することで、自我が確立され、自分に自信をもって生きていけるようになるでしょう。

D　右側肋骨の下のあたり

ここはモヤモヤした感情や、思わずため息をつきたくなるような感覚がたまりやすい場所です。精神的な疲労が積み重なった結果、気分の浮き沈みが激しくなっていたり、うつっぽい症状が出たりしているかもしれません。また、寝つきが悪くなっていたり、夜中に目が覚める、または逆に寝すぎてしまう傾向があるときや、集中力が落ちたり、疲れやすい、何もやる気がおきないといったときにも強く反応します。このあたりは、「人から受け入れられなかった」「愛されなかった」という思いや、「できて当然と思っていたことで失敗」したり、「自分を否定された」、「失敗を責められた」といった経験やトラウマがたまりやすい場所です。そのため、何かにチャレンジする気持ちや積極性が失われてしまっています。ここを解放することで、モヤモヤした気持ちが薄れ、精神面が安定し、もう一度行動をおこす気力が戻ってくることでしょう。

E　おへその左なな め上あたり

ここは「自分に対する怒り」の感情やトラウマがたまりやすい場所です。ここが固い人は、自分を許せないという気持ちが強く、自分を厳しく罰しようとする傾向があります。それが原因で、本当にやりたいことを我慢してしまったり、「こうあるべき」と自分を制限したり、自分が幸せになることに対してのブロックを抱えていることもあります。また、世間の常識や一般論に当てはめて、「こうあるべき」「〜せねば」という思いが強い傾向もあり、それができなかった場合には自分を許せない気持ちになったり、自分を厳しく罰しようとしたりすることがあります。幼少期から両親に厳しく育てられた人も多いようです。ここを解放することで、もっと自由に好きなことをできるようになっていけるでしょう。

F　おへその左側から脇腹に近いあたり

ここは「漠然とした怒り」の感情やトラウマがたまりやすい場所です。対象物がわりとはっきりしない、社会全体への不満、不公平さや不平等さといったものに対する怒りなどです。怒りっぽい人やいつもイライラしている人も当然反応します。ところが、これらの怒りは「正義感」からくることも多いので、ここが固い人は実は心が優しい人も多いのです。そのため、表面上はいつもニコニコ穏やかで、怒りたいときに我慢したり、怒らないようにふるまったり、怒りの感情を外に出すことへの抵抗がある場合も反応します。しかし、外に出さず解放されなかった「怒り」がある一定量を超えると「キレる」という形で表れることもあるので注意が必要です。外では不満をもらさない分、家庭内でグチっぽくなったりキレやすくなったり、お酒が入ったら豹変することもありえます。ここを解放することで、心が穏やかになり、感情的にならない自分に近づいていけるでしょう。

G　左側肋骨の下のあたり

ここは「不安」や「焦燥感」に関わる感情やトラウマがたまりやすい場所です。ここが固い人は、目標が高く自分からハードルをあげてしまう傾向があり、完璧主義で適当にものごとをやり過ごす事が苦手な場合が多いようです。「過去に大きな失敗をした」「親から過剰に期待されて育った」などのトラウマを抱えているかもしれません。

「失敗しないように」とか、「すべてをうまくやらなければいけない」といった気持ちが強く、新しいことに挑戦する一歩がなかなか踏み出せない傾向はありませんか？　また、一度にたくさんのことが起こったり、やらなければいけないことが同時にたくさんやってくると、焦燥感に襲われたり、処理しきれなくなって余計に焦ってしまうといったことはありませんか？　ここを解放することで、不安感が薄れ、失敗を恐れずにチャレンジできるようになっていくことでしょう。

H　おへその右側あたり

ここは「悲しみ」の感情やトラウマがたまりやすい場所です。ここには、近しい人との死別、裏切られたという想い、失恋、大切なものを失った経験、仲間はずれ、自分のしたことに対して評価されなかったことなどのトラウマが多く潜んでいます。ここが固くなっている人は、思い出すだけで涙が出るような体験や、胸が締め付けられるような経験をたくさんしてこられたのかもしれません。しかし、周りに心配をかけたくないという思いなどから、人前では泣くことを我慢したり、本当は傷ついているのに平気な顔をしてみたり、もっと悲しくなるのを避けるために自分の感情を閉じ込めてしまったりと、自分の感情と向きあうことがあまり得意ではない人が多いです。

ここを解放することで、悲しみの感情が薄れ、一歩距離を置いてそれらの経験を冷静に見つめることができるようになるでしょう。

I　右の肋骨のきわあたり

ここは「最近のストレス」がよくたまっている場所です。ごく最近に何かイヤな思いをした経験があったり、今現在何らかの悩みを抱えている状態である可能性があります。最近の出来事であることが多いため、まだ無意識化（トラウマ化）されずに、ご本人の表層意識でも十分に認識が可能な状態でもあります。ストレスも早めの対処が肝心です。一説では、心理的ショックは72時間経過するとトラウマ化していくそうです。ご自身で認識できているうちに解消してしまいましょう。ここを解放することで、ここ最近のストレスが解消し、気分が楽になっていくことでしょう

J　左側の肋骨の下、脇腹に近いあたり

ここは「慢性的・長期的ストレス」がたまりやすい場所です。特に家族関係や職場などの人間関係のトラブルで、長期間にわたり継続的にストレスがかかっている場合に強く反応します。ご夫婦などのパートナーシップの問題や、親子関係、上司と部下

の関係、同僚とのチームワーク、クラスメイトや友人との関係性の中で、神経を使いすぎていたり、ずっと我慢を強いられているといった状態にあるかもしれません。または、ずっと忙しくからだや神経を酷使し続けて、精神的な疲れがかなりたまっている可能性もあります。放置しておくとより深刻化する恐れもありますので、早めに対処することが大切です。ここが解放されることで、人間関係でストレスに感じることが減り、心の疲労も解消していく効果が期待できます

K　おへその下、丹田の右側あたり

ここは「自己犠牲的な」感情やトラウマがたまりやすい場所です。ここが固い人は、とても優しい心を持っている人かと思われます。困っている人を助けてあげたいという想いから、苦しんでいる人に何もしてあげられなかったりしたときに、「自分は役にたたない」「無力な人間だ」という風に思ってしまったり、また、その罪悪感から自分より他人を優先する生き方をしてしまっている可能性があります。セラピストや看護師、ボランティアに従事している人などに多い腸相です。ただ、その背景には「人に好かれたい」という感情が隠れていることもあります。また、他人の役に立っているということが、自身の存在意義に繋がっているケースも見られます。人のために働

ることは素晴らしいことですが、あまりに自己犠牲的になると大きなストレスとなってしまいます。ここを解放することで、ちょうど良い距離感での人助けができるようになるでしょう。

L　おへその下、丹田の左側あたり

ここは「罪悪感」に関する感情やトラウマがたまりやすい場所です。ここが固い人は、過去に悔やまれる失敗や、いつまでも後悔してしまうような体験がたくさんあるのではないでしょうか。どうしようもなかったことであっても、いつまでもクヨクヨし続けたり、自分に非のないことでも、「自分も悪かったのではないか？」となんでも自分のせいにしようとして、必要以上に振り返って自分を責める傾向にあります。また、過去への後悔から、「もっとうまくやらなければ」と、常に自分を追い込むクセがある人も多いようです。それらの背景には「自分はダメな人間だ」という思い込みが隠れている可能性があります。ここを解放することで、昔のことばかり思い出したりクヨクヨすることが減り、過去にとらわれることなく「今」を大切にできる自分に近づくことでしょう。

M　おへその上、胃のチャクラあたり

ここは「決断力の欠如」につながる感情やトラウマがたまりやすい場所です。「自分にはあと一歩何かが足りない」「やりたいことが何か分かっているけれど、なかなか前へ進めない」「決めなくてはいけないことがあるけれど、決めかねている」といった想いがありませんか？　また、あれこれ迷ってしまってひとつのことを選べない、といった優柔不断なところはありませんか？　ここを解放することで、本来の自分自身への扉（ゲート）が開き、意思や思考が明確になり、決断力がついていくことでしょう。

N　みぞおちのあたり

ここは「緊張をともなうストレス」がたまりやすい場所です。もともと緊張しやすかったり、人前にでるとあがってしまうといった性質の人、プレッシャーに弱い人などが反応します。または、近い将来に大きな仕事や大事なスポーツの試合、大切な受験などが控えていたり、今まさに緊張を強いられるような環境（仕事や作業）に身をおかれている状況なのかもしれません。それ以外にも、職場の上司や苦手な人など、緊張を強いられる人間関係が続いている場合なども反応します。ここを解放すること

で、緊張が薄れ、いろいろな物事に安心して取り組みやすくなるでしょう。受験、試合、大事なお仕事などで、本来の自分の力を発揮できることにもつながります。

○ おへその右ななめ上あたり

ここは「他者から与えられた傷」による感情やトラウマがたまりやすい場所です。ここが固い人は、他者による影響（コントロール）によって、本来の自分を発揮したり、自由に行動したり、自然な感情の表現をすることができなくなっている可能性があります。過去に家族や友人から「理不尽な攻撃」を受けたことがあったり、誰かに無理やり従わせられたり、好きなことをさせてもらえない、相手を怒らせないように気を遣い続けていたなどの体験があるのかもしれません。また、こういった経験から「被害者意識」がたまっている可能性があり、「被害者意識のままでいる＝他者の影響下に居続ける」ということにも繋がります。ここを解放することで、他者のコントロールから脱却し、他人の顔色を見ることもなくなり、自由に自分の感情を表現したり行動したりできるようになるでしょう。

いかがでしたか？　ご自身の本当の気持ちに気づくきっかけになったでしょうか？

一般社団法人　日本腸心セラピー協会では、たった1日でプロとして活動できる資格が得られる「オモシロ腸相診断士養成コース」を開講しています。こちらのコースでは、より深く腸意識を読み取って腸と対話する技術を学ぶことができ、ご自身の内観をより深めたり、お仕事として人の腸をリーディングしたりすることができるようになります。手相や人相に比べ、より深層心理まで読み取れるのが特徴です。

未浄化の感情をどんどんリリース（解放）していきたい人には、「腸心セラピー®」がおすすめです。熊本の統合医療クリニック松田医院　和漢堂では、精神疾患の人の断薬サポートとして活用されています。またドイツの医療雑誌でも紹介され、欧州オーストリアの超VIP向け統合医療クリニックのドクター達や、ドイツの自然療法士も治療に取り入れている実績あるセラピーです。こちらは全国各地でセラピーを受けていただくことができます（※禁忌事項がありますので、持病をお持ちの人は予約前にセラピストにご相談ください）。

日々のストレスケアを自分でできるようになりたい人には、「腸心セルフケアマスターコース」があります。たった3時間ほどの講習で、自分のストレスや感情を解消できるようになります。一度身につけておくと一生使える強力なメンタルサポートツールになります。

「腸心セラピスト養成コース」は、たった2日間で虐待体験といった大きなトラウマまでリリース（解放）する技術が身に付く講座です。もちろんご自身のセルフケアもより深くまでできるようになります。認定試験合格後は、腸心セラピストとして活躍することができます。全国主要都市での出張開催も検討が可能ですので、ご希望の人はお気軽にお問い合わせください。（https://www.choshin.net）

腸心セラピー®で、過去にとらわれず未来の不安もない人生を！

腸心セラピー®を人生に取り入れることで、過去にため込んできた未浄化の感情を、どんどん解消していくことができます。その際には、人類が共有している集合無意識下の似たような感情も一緒にリリース（解放）することができるのです。自分を癒せば癒すほど、それは人類全体、地球全体、宇宙全体を癒すことにつながっていくのです。

日本では、毎年のように自殺者は増え続け、昔は滅多に起こらなかったような凶悪事件も当たり前のようになり、ストレスが原因で起こる病気が蔓延し、虐待やイジメの連鎖も続いています。今の日本では、物やお金に困ってというより、ストレスのはけ口として罪を犯すケースも増えているように感じます。辛い思いをした人が、別の人を傷つける。そんな負の連鎖を止めるには、それぞれみんなが自分を癒し続けることが大切なのです。

幸いなことに、世の中にはたくさんの癒しの手段もあふれています。自分にあったものならどんな方法でも構いません。せっかく肉体を持ってこの地球に生まれたのですから、過去にどれほど辛い体験をしてこられたとしても、幸せになる道をあきらめないで欲しいと思います。もちろん腸心セラピー®がその一助になれば、こんなに嬉しいことはありません。

第12章

「腸心セラピー®」実例集

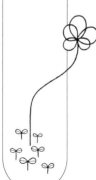

この章では、腸心セラピー®に興味を持ってくださった人のために、セラピーを受けるとどんな変化が起こるのかをイメージしやすいよう、実際の現場で起こった様々なケースを、ご本人の体験談とともにご紹介します。

実例　たった1回のセラピーでリウマチの症状に劇的な変化が

母親との関係性にともなう感情をリリース（解放）した結果、リウマチの症状が劇的によくなった、当時27歳だったM.M.さんの体験談をご紹介します。

『2018年5月、不自然な手のしびれがおこり、突然物が手から落ちるようになりました。段々痛みがひどくなり、ものを持ち上げるのが難しくなったり、ご飯を食べる間も箸を持ち続けるのが難しくなったりしました。

病院に2軒行きました。それぞれ、西洋医学、漢方の薬を処方されましたが、どちらもあまり効果が感じられず、このままだと仕事ができなくなると不安になりました。

腸心セラピー®を知っている母から勧められて、8月、代表の渡邊千春先生からセラピーを受けました。

最初は、変化が分かりにくかったのですが、やっているうちにおへその左上と右下の2ヶ所が反応し始めました。感情が湧き出し、涙も出ました。出てきたのは母との関係でした。終わると、癒され心が軽くなっていました。いやなときは拒否したりしてもいいのだと思えるようになりました。

一度腸心セラピー®を受けただけで、痛みが激減し、それ以降、通院、服薬をやめることができました。ありがとうございました』

Mさんのケースでは、私と彼女の母親が知り合いであることもあってか、最初ご本人からは、職場のストレスが病気の原因ではないかとのお話がありました。しかし、セラピーを進めていくと、出てきたのは幼少期から抱いていた母親に対する色々な思いでした。

おへその右下【K】が反応したのは、一生懸命育ててくれた母親に対して、そんな感情を抱えていることへの罪悪感があったからです。そのために、自分の本当の気持ちを抑え込み、我慢し続けてしまったことがリウマチの本当の原因でした。ここを解放したことで、ため込んでいた未浄化の感情がどんどん現れては消え、とても深いところまで癒すことができたのです。

実例　潰瘍性大腸炎治療薬と精神薬の同時減薬&断薬に成功!

次に、腸心セラピー®を効果的に治療に取り入れてくださっている、熊本の統合医療クリニック「松田医院　和漢堂」院長、松田史彦先生による臨床例をご紹介します。

『潰瘍性大腸炎症例　34歳の女性

12年前の22歳の時、様々なストレスが重なり、潰瘍性大腸炎を発症。大腸の専門病院で、潰瘍性大腸炎治療薬サラゾピリン（500㎎）8錠を服用しながら、生物学的製剤レミケードの点滴を7年前より続けていました。また、別の心療内科で、抗うつ剤フルボキサミンマレイン酸塩（25㎎）1錠、トラゾドン（25㎎）1錠を服用していました。

病状は良くなったり悪くなったりをくりかえし、便通や腹痛も不安定でした。最近レミケードの副作用と思われる、全身の関節痛、顔面の発赤が発症したので、レミケードを中止して新しい生物学的製剤のエンタイビオを勧められているとのこと。

令和元年5月25日当院初診

大腸の専門病院と当院の両方に通いながら、減薬したいとの希望でした。当院受診直前の専門病院の血液検査による腸の炎症の数値CRP：0・74。

6月15日、当院で初回の腸心セラピー®を実施。セラピー中はすごく涙がでたが、気持ちがスッキリした。その後は月に1～2回の腸心セラピー®を行いました。腸心セラピー®では、主に依存、他責、自己否定、自我否定の部分に反応がありました。

その後の大腸専門病院の定期検査で、炎症数値CRPが、0・24→0・14→0・1とどんどん下がってきて、主治医が驚いたとのこと。新薬のエンタイビオを使うことなく、病状が安定し便通、腹痛もよくなってきました。令和元年12月11日現在、サラゾピリンの減薬を徐々に進めているところです。

心療内科の薬も同時に減薬し、トラゾドンを中止。今はフルボキサミンマレイン酸塩の減薬中です』

熊本の統合医療クリニック「松田医院　和漢堂」では、通常のトラウマや心の悩みに対して腸心セラピー®を行っているだけでなく、うつ病や不眠、自律神経失調などで、精神安定剤を多量に服用している方たちの減薬、断薬にも腸心セラピー®を活用してくださっています。

松田院長の指導のもと、腸心セラピストの資格を持つ4名の医療スタッフが腸心セラピー®を行いますので、一般の腸心セラピストが禁忌、または施術に注意が必要とされている癌や潰瘍性大腸炎、クローン病、統合失調などにも対応が可能です。他の治療と組み合わせ、積極的に腸心セラピー®を活用することで、精神疾患や難病の改善に導いてくださってます。

実例　セラピー中に出てきた前世の記憶と主人の記憶が見事に合致！

美姿勢歩き方講師のひろえさんの不思議な体験談をご紹介します。

『主人から腸心セラピー®の存在を聞き、腸に心があるってどういうことなの？　と、まったく想像がつかなかったのですが、「何か変わるかもしれない」と期待に胸を膨らませセラピーを受けました。

解消したいことは、まさに直近で発覚した病気のこと。

セラピーが進むにつれ、なんと前世の記憶が出て来ちゃいました。映像は見えなかったのですが、私は長い剣を持った武士で、左足からたくさんの血が流れていました。

「武士として民（たみ）を守る」「民を守るために死ねない」

「守らなければならない」「私が犠牲になっても守る。死んでも守る」

なぜか、涙が流れてしばらく止まりませんでした。

30分ほどのセラピーでしたが、その武士が出ているときは、私の顔は男性の顔つきになっていたそうで不思議です。昔から見た目は女性なのに男性的な考えが強くあったのですが、それがまさか記憶に武士がいたせいだったとは！

翌週、主人が自分のメンテナンスのためにヒプノセラピーの先生の元に訪れたところ、私の前世の記憶と主人の記憶がなんと合致！　３０００年前の主人と私は、性別は反対だったけれど以前も恋人同士。私はギリシャの戦士で、前世の彼女（主人）はエジプトの少女。命を狙われていた彼女を殺されることも覚悟しながら守り続けていました。

主人の記憶と腸心セラピー®で思い出した前世の記憶を照らし合わせると、大きな剣を持った男性を日本の武士だと思っていましたが、「武士」ではなく「戦士」。民を守るための〝たみ〟は「民」ではなく「タミ」。フランス語の「プチ・タミ」＝恋人だったのです。つまり私と主人は3000年ぶりの再会だったのです。

腸心セラピー®で前世が出てきたとき、「これ、私の妄想かも⁉」ってドキドキしていたのですが、まさかの合致。面白いですね。腸心セラピー®を受けたのは初めてでしたが驚きでした。

家族を守ろう、子供を守ろう、友達を守ろう、みんなを守ろう。私はこれらの気持ちが強すぎて、自分が苦しくなっても続けてしまうところがあることに気がつきました。腸には本当に記憶があるんですね。

さらに、セラピー後2週間経っても体調は何もしなくても安定しています！　色々な気づきをありがとうございました』

ひろえさんのように、セラピー中に過去生の記憶を思い出される人もいらっしゃいます。また今回のように、そのときに出てきた記憶がのちに肯定されるケースも少なくありません。

以前、こんなことがありました。子供の頃から女性らしく振る舞うことに抵抗があり、スカートをはいたり化粧をしたりして着飾ることができないという悩みを持った、若い女の子が私のところに来てくれました。最近になって好きな男の子ができたので、少しでも可愛らしい雰囲気になりたいとのこと。

さっそく腸心セラピー®で腸にアプローチしたところ、生まれる前の胎児期の記憶が出てきました。定期健診で性別が判明したとき、「また女かー」と悪気なく言ったお祖母さんのひとことで、彼女は女性としての存在を否定され、その傷を負って生まれてきていたのです

セラピー中は、わんわん泣きながら、悲しみや怒りの感情を手放していきました。自分の脳裏に浮かんだことが、果たして本当のことなのか、家に帰って母親に確かめたところ、実際に親戚中が同じようなことを言い、お祖母さんの落胆ぶりが一番大きかったことがわかりました。この生まれる前のトラウマを解消したことで、彼女はスカートをはくことにも抵抗がなくなり、見事に意中の男性とお付き合いすることがで

きるようになりました。

実例 ずっと抱えていた謎の孤独感の理由がわかった!

胎児期のトラウマをリリース(解放)したことで、生まれてからずっと感じていた強い孤独感を解消することができた、腸心セラピストの日ヶ久保香さんの体験談です。

『私が、腸心セラピー®を知ったきっかけは自分を癒すことよりも、周りの人を楽にしてあげたいという想いからでした。その当時、私は高等専修学校で職員をしていて、高校1年生の生徒たちの担任をしていました。

生徒たちの中には、ひどいいじめを経験した子や親からDVを受けている子、自分自身のコンプレックスで自信の持てない子、摂食障害と闘っている子……など、色んな子供たちがいました。彼らと接する中で、とても豊かな才能や可能性を持っているのに、ココロの傷が一歩踏み出す勇気を失わせていることに気付きました。

私なりに、向き合って話を聞いて、心を開いてくれる子もいましたが全てを癒せるわけではありませんでした。中でも一番難しかったのは、自分に起きていることや今の感情を話したがらない子が多くいることでした。話してくれなければ、「そばにいるよ」という意思を伝える以外、何もしてあげられることはないのです。

彼らのためにできることはないかなぁ……とネットサーフィンをしていて出会ったのが腸心セラピー®でした。ホームページの記事を読み進めていくと、**「お悩みの内容を話さなくても解消できます」**という一文を見つけ、これなら!! とピンときて、私はいきなり「腸心セラピスト養成コース」に申し込みをしたのです。

そんな経緯で飛び込んだ腸心セラピー®の世界だったので、実際に私がセラピーを体験したのは、セラピスト養成講座のワークの最中でした。施術のお手本として、代表の渡邊千春先生が手技を見せてくれることになり、「せっかくなら!」とモデルをさせて頂きました。

手技の練習のためのモデルなので、もちろん千春先生と私以外に周りには受講生がいます。その中でのセラピーですし、限られた講習中の時間なので私はとても軽いストレスを解消してもらうことにしました。だって、自分の本当のストレスやコンプレックスをみんなの前で話すのはやはり恥ずかしいと感じたからです。でも、私の考えとは文字通り「裏腹」に、お腹（腸）は正直でした……！（笑）

そのときの私はまず、「今日、ここに来る途中の電車内で、わざとぶつかって自分の場所を確保しようとしてくる人がいてイヤな気持ちになった」というようなことを話しました。そんな、自分で考えてもどうでもいいようなストレスを話し始めたのですが、そこからが不思議で腸が勝手にどんどこと動き始めました。

最初に反応したのは、おへその真下・丹田のあたりでした。しかも、より子宮に近い下の方でした。千春先生から「すごーく冷たい感じがするよ、ヒヤッとする。この場所はバーストラウマが眠っていたりする場所だよ」と言われ、当初の恥ずかしさなんて忘れて、こんな話をしはじめていました。

私は子供のころから、ずっとなんとなく淋しい、孤独だという気持ちにいつも付きまとわれてきました。でも、父母にも可愛がられて育ったし、友達にも恵まれて、そんな「孤独」とは無縁の環境にいたのです。思春期の頃には押しつぶされそうになるくらい、その強い感情に襲われたこともありました。でも、実際の環境とはリンクしないので、なぜだろうと不思議に思っていました。

それともうひとつ、自分では見たことのないはずの情景を記憶として持っていました。それは私を身ごもっている母を俯瞰的に眺めている映像です。そのときに母はお風呂場で自殺をしようと考えていました。私は母のお腹の中にいるはずなので、そんな思い詰めている様子の母の姿を見ているわけはありません。なので、私はずっと自分が後から妄想してねつ造した記憶なのだろうと思い込もうとしていました。そのことを千春先生にお話しすると、「それは香さんの生まれる前の記憶かもしれないよ」と。

そしてもうひとつ思い出したことがありました。以前、すごく悲しい出来事が起きたときに駆けつけてくれた霊感の強い友達から、「昨日の夜に香の夢を見て、きっと何かあったんだろうと駆けつけたんだよ。小さい香がコンクリートの壁に囲まれた冷たい部屋で大泣きしていたんだよ」と言われたことがあったのです。

そこで、結びつきました。コンクリートの部屋と感じられたのは母のお腹で、自殺を考えるほど思い詰めていた当時の母はからだも心もとても冷えていたのだろうと。その記憶が生まれてからずっと眠っていて、原因はわからないのに淋しく孤独な感じや、自分は要らない人間じゃないかという自己否定に繋がって、何か悲しい出来事が起きる度にその冷たい部屋にひとりっきりでいるような気持ちになっていたのです。

「こんなこと話すつもりなかったのに!!」

千春先生や、周りのすでにセラピーを経験したことがある人たちはニコニコしながら「お腹がそれを解消して欲しいって自分で主張してきたんだねー」と。

確かに、セラピーをやり始めたら、あれよあれよと腸が反応し始めて、最初は考えてもみなかったことを自分から話していたのです。しかも、いままではその感情になると辛くてしかたなかったのですが、途中涙は流れましたが最後には笑っていました。そして、帰宅後、感情の好転反応があり、その孤独感に紐づいて辛かった経験などがボロボロと出てきました。出し切ってしまった後はスッキリし、今では、それまでなんとなく薄い壁があるように感じていた母との距離感もわだかまりを感じなくなりました。

自分の周りのために始めようとした腸心セラピー®で、私自身がしっかりと癒されることができました！　そして、私が必要としていた「お悩みを話さなくても解消できるセラピー」を一回目から体感することができたのです。最終的にはたくさんの言葉が出てきましたが、そもそもは目を背けていた悩みを「腸」に触れることで自然と浮彫にする、このセラピーの偉大さと不思議さを十分に実感することができ、自信を持って悩みを抱えている人達に広めていけそうです』

この香さんの体験は、ご自身の感情というよりも、おかあさんの未浄化の感情を抱えてしまったケースと考えられます。コンクリートに囲まれた冷たい部屋とは、まさにおかあさんが自殺を考えた風呂場のことであり、香さんが感じた寂しさ、悲しさ、孤独感、自己否定感も、おかあさんが感じていた感情の可能性が高いです。

胎児や感受性が高く生まれた小さな子供は、まだ他とのエネルギー的な境界線があいまいなため、このように自分以外の身近な人の感情を、まるで本人のように感じ取ってしまうことがよくあります。例えば、夫婦喧嘩を目撃したときに、両親の怒りや悲しみを一緒に受け取ってしまったりもします。

腸心セラピー®でアプローチすると、ご本人のものではない未浄化の感情がゴロゴロでてくる人もいます（たいてい感受性が強く人に同調しやすいタイプの人です）。もし、自分では思い当たることがないのに、コントロールできない不安感や孤独感、イライラといった感情に悩まされている場合は、もしかしたら他者の感情をおなかにため込んでしまっている可能性もあるのです。

実例　その日のストレスその日のうちに

腸心セルフケアマスターコースをご受講された、C．K．さんの体験談をご紹介します。

『セルフケアコースを学ばせていただいてから、ほぼ毎日のように自分で腸心セラピー®をしています。寝る前にやることが多いのでそのまま寝てしまうこともあるのですが、やっていると昔のことが思い出されたり、今まで気づけなかった気持ちに気づいたり、本当に不思議です。

最近はコツがつかめてきて、その日におこった自分の感情を見つめて内観するのが日課のようになりました。具体的には、例えばその日に腹がたったり心配になったりしたことがあれば、「なぜそのことで腹が立ったのか」、「なぜそのことを考えると心配なのか」といった風に、自分に問いかけながら腸心セラピー®をします。そうすると思いがけない原因に思い当たったり、原因がわからないことでも解消した感覚があり、次の日にはもう同じ出来事に以前ほど反応しない自分がいたりします。

ときには自分で解消するのが難しいと感じる大きな記憶がでてくることもありますが、そういうときは無理をせず代表の渡邊千春先生にセラピーをお願いしています。そうすると、それも大丈夫になります。

腸心セラピー®に出会ってから、自分がストレスと感じていたことが大幅に減り、心穏やかに毎日を過ごせるようになりました。良いものにであえた自分はラッキーだと思っています。ありがとうございます』

セルフケアコースでは、ご自身の日々の感情やストレスを解消する方法をお伝えしています。2日間でプロを目指すセラピスト養成コースに比べると、たった3時間で学べる分だけ少し内容は浅くなりますが、それでもご自身のケアには十分な技術が身につきますのでおすすめです。

腸心セラピー®を受けにこられる人の中には、たまに「特に自分には大きな悩みはない」、「自分では何がストレスなのかわからない」といった人もおられます。特に悩みを自覚していないのに受けに来られる人の多くは、腸心セラピー®自体に関心を持った興味本位の人だったり、学んで仕事のメニューとして取り入れたいセラピストや整体師さんだったりします。

こういう人たちに共通しているのは、いろいろなことを学んでこられたことで、思考グセや分析グセが強くなっている点です。心理学や自己啓発などを学べば学ぶほど、**思考（脳）で自分の感情（腸）を隠す**ことを覚えてしまっている可能性もあります。「自分が辛い経験をしたのは、きっと○○を学ぶためだったのだ。だから、あれは体験しておいてよかったのだ」といった具合です。

脳でばかり考えるクセを身につけてしまうと、おなかの声を聞くことがどんどんできなくなってしまいます。自分の感情を感じる前に押さえ込んでしまうので、自分には怒りの感情などないと言い切ってしまう人もいます。でも、自分にはストレスがないとおっしゃる人に限って、腸にさわるとアチコチかたく、腸心セラピー®を受けるとため込んだ怒りがどんどんでてくることが多いのです。

自覚していないストレスや、抑え込んだ感情が蓄積すると、いつか精神的な問題や肉体的な問題となって表面化してしまいます。放置すると危険ですので、もっと自分の感情や感覚を大事にしてほしいと思います。腸心セラピー®を続けることで、腸感覚が再開発され、腸意識が目覚めてきます。脳主体で悩み続ける生き方から、腸主体の直感で生きるラクな人生にシフトしていけます。腸心セルフケアは、そのための強力なサポートツールとなるのです。

実例　虐待体験を乗り越えて精神薬の断薬に成功

幼少期に父親からひどい暴力を受けて育ったA．M．さんの体験談をご紹介します。

『父親に対しての憎悪の気持ちは、父親に直接言ったことでなくなったものだと思っていましたが、そうでないことに気づきました。「自分が許せない」「姑が許せない」という気持ちが解消できないのは、まだ父親を許せていないからだとわかりました。

持ったらダメな感情はない、自分の人生観を疑って良いとわかりました。酷いことをした人を優先する人生、自分の気持ちを言えないのをやめて、優しく断れるようになりたいです。

腸心セラピー®を教えていただいて本当に良かったです。精神薬も全部やめられたし、本当に良かったです』

A.M.さんのように、被害者であるにもかかわらず、加害者を理解しよう、酷いことをした相手を許そうとして、苦しんでいる人がたくさんいます。腸心セラピー®でアプローチしていくと、そうやって自分の本当の気持ちに蓋をすることで、押さえ込まれた怒りや憎悪の感情が別の形で現れて、現在の人間関係のトラブルなどに結びついているケースもよく見られます。

ほぼ同じ時期に、虐待体験を持つふたりの高校生が、腸心セラピー®を受けに来たことがあります。ひとりはおとなしい女の子で、もうひとりは独特の雰囲気を持つ男の子でした。ふたりには接点はなく、別々の日にセラピーに来られました。

女の子のほうは、母親から厳しいしつけと言葉の暴力を受け続けたことで不登校になり、何をやっても精神状態が改善しない娘に業を煮やした母親から勧められてやってきたのでした。セラピー前のカウセリングででてくるのは、「自分が悪い子で勉強ができなかったから」とか、「おかあさんもその頃、弟ができたばかりで余裕がなかったんだと思う」などの、自分を責めるか母親を庇うような言葉ばかりです。

男の子のほうも、母親から虐待を受けてきていて不登校と境遇は似ています。今は母親とは別居してお祖母さんとふたり暮らしです。虐待に気づいたお祖母さんが、彼を母親から保護し育ててきたとのことでした。孫の心の傷をなんとかしたいと、お祖母さんがあちこちのセラピーやらカウンセリングに連れ回すのに仕方なく付き合っているとのことで、開口一番、「あんなヤツは母親だと思ってない」とか、「俺はあんなクソババアを一生許すつもりはない」、「だから、こんなセラピーを受けても無駄なのに、ばあちゃんが心配するから仕方なくきてる」と、腸心セラピー®に対しても後ろ向きでした。

さて、同じような体験を持つこのふたりですが、どちらがより早く虐待のトラウマを解消することができたでしょうか？

答えは、男の子のほうです。女の子が、加害者である母親を許そうと、自分が感じた辛さ、悲しさ、怒りなどの感情を押さえ込んでいたのに対し、男の子のほうは、自分の感じた怒りや恨みの気持ちを隠そうともしませんでした。結果、男の子のセラピーはたった30分ほどで終了。女の子は60分間のセラピーを3回ほどおこなうことで、ようやくリリース（解放）することができました。

この場合、母親を許せるようになるわけではありません。ただ、虐待された過去を思い出しても、悲しさや怒りなどの感情が湧いてこなくなり、なんとも思わなくなる感じです。この男の子の場合も、あんなに悪態をついていたのに、セラピー終了後は「あんなにムカついていたのに、あの女のことがどうでもよくなった」、「恨む気持ちがなくなった。不思議で仕方がない」と言っていました。

未浄化の感情がリリース（解放）されたことで、過去の辛かった出来事が「ただの出来事」に変わり、もうその出来事にとらわれることがなくなるのです。**これは「許す」こととは、また違った感覚です。**

絶対に許せないような酷いことをされたのに、聖人君子のように無理に許そうとする必要はないと私は思います。まずは加害者である相手を優先することをやめて、傷ついた自分をもっと大切にして癒してあげてください。そのときに感じた自分の感情に蓋をせず、きちんと解消してあげましょう。自分の心の傷をしっかり癒した結果、相手を許せるようになることもありますが、たいていの場合は、「思い出しても気にならなくなる」という変化が訪れます。これもどちらでも良いのです。大事なのは、過去から自分を解放してあげて、新たな自分らしい人生を取り戻すことなのですから。

実例　気持ちの整理ができ、主人との最後の時間を大切に過ごせた

福岡で腸心セラピストとして、またセルフケアの講師としてご活躍されている久永祥子さんの体験談です。

『私が腸心セラピー®のセルフケア講師になろうと思ったのは、自分自身がセルフケアで幾度となく救われ、このセラピーの凄さを実感したからです。

主人の病気が発覚し、亡くなるまでの間、いろんな出来事があり、いろんな感情が出てきました。なぜ？　どうして？　という、行き場のない気持ち、ツライ、苦しい、きつい、怖い、助けて……そして考えればキリがない将来への不安。追い打ちをかけ

るように私自身の健康診断でD判定が4つも出てしまったときには、自分が倒れるわけにはいかないというプレッシャーや、この先どうなってしまうのかという底知れぬ不安にも苦しみました。

ですが、私が頑張らなきゃいけない。主人に心配かけたくない。そんな気持ちから、平気なフリをして無理をし続けていました。からだは疲れているのに、頭ではずっと色んなことを考えていて、頭とからだがバラバラのような状態。3人の子供の学校のこと、部活のこと、塾や習い事の送迎、家事、自分の仕事、そして主人のこと。正直いっぱいいっぱいの状態。一日に何度もスケジュールを確認しないと次に何をすればいいのか、わからなくなっていました。

ですが、寝る前に布団に入って、セルフケアを続けたことで、この複雑な状態が少しずつ整理されていき、「今できることをやればいい。今じゃなくていいことは、後回しにしよう」という単純な答えが、自分の中で見つかりました。また、「私には底抜けの明るさがある。今後何があっても、この明るさがあれば大丈夫」と自分自身が気づけたことで、何だかとてもスッキリし、更に大きく変わりました。

主人から結婚当初、「お前がイライラしとったら俺も子供もイライラする。お前が笑っとったら俺も子供も嬉しい。だからお前には笑っといてほしい」と言われたことがあります。それに、私の一番の願いも、主人が最期を迎えるそのときまで幸せであってほしい、ということでした。じゃあそのために私に何ができるのか？　腸心セラピー®で出てきた言葉は「傍にいる私が幸せであること」でした。

腸心セラピー®をすると、自分と向き合い、自分の本当の気持ちに気づきます。私は、すぐに自分の仕事を辞めました。そして自分じゃなくてもいいことは、周囲に甘えてお願いすることにしました。すると、時間に余裕ができ、心にも余裕ができ、どんどんからだも心も楽になっていき、その分、主人と過ごせる〝今〟を大切にできるようになりました。

主人の最期が近づいたとき。自分の中ではちゃんと心の準備ができているつもりでしたが、主治医の先生と話した後、なかなか主人のいる病室に戻ることができませんでした。何かを喋ろうとすると喉のところでつまり、ただただ涙が溢れ止まらず、気づけば手が震えていました。その時も、椅子に座りセルフケアをしました。すると混乱状態だった頭の中が、すーっと落ち着いていき、手の震えも止まり、「よし！　早く主人の所に戻ろう。少しでも長く傍にいよう」という気持ちに切り替わっていました。

いろんなマイナスを背負い、埋もれ、もがき苦しんでいた自分。腸心セラピー®をしたことで「何が大切なのか」「今、何がしたいのか」自分の本当の気持ちに気づくことができました。おかげで、主人との大切な時間を過ごすことができ、最期も傍にいて、しっかり看取ることができました。

こんな腸心セラピー®を、まだ知らない人がいるなんて、もったいない！　だからセルフケア講師として、たくさんの人に知ってもらいたい、伝えていきたいと思っています』

最愛のご主人を亡くされた後も、幾度となく悲しみや喪失感に襲われた祥子さんですが、その度に腸心セラピー®で少しずつ乗り越えて来られました。

腸心セラピー®は、このように大切な人を亡くされた後のグリーフケアにも絶大な威力を発揮します。これまでも、身内や大切な友人やペットなどを亡くされた人が、セラピーを受けに来られていますが、悲しみの感情を受け入れることで、混乱した気持ちが整理され、穏やかな気持ちで大切な人を光の世界へ見送ることができるようになります。もし、何年経っても癒えない別離の悲しみに苦しまれている人がいらっしゃったら、ぜひ腸心セラピー®をおすすめしてあげてください。

感情の解消の仕方は人それぞれ

ここに紹介したのは、腸心セラピー®の現場で起こった体験のほんの一例です。実際のセラピーには、うつ、分離不安症、統合失調症などの精神疾患、リウマチなどの身体的症状、イジメ、不登校、職場の人間関係、金銭トラブル、震災被害者、性犯罪被害者、虐待の加害者であるお母さんなど、ありとあらゆる悩みを抱えた人がいらっしゃいます。

また、悩みだけでなく、メンタルブロックを外す効果も期待できるため、試合で最大限の能力を発揮したいスポーツ選手や、大事な試験を控えた受験生、仕事で成功したい起業家、パフォーマンスを上げたいプロのヴァイオリニストなどの演奏家（腸心セラピー®で演奏の音が変わります）など、本当にいろんな人が来られます。

セラピー中には、幼少期や過去生などの潜在意識下の記憶を明確にビジョンで思い出す人もいれば、特に何も思い出さない人、ただ涙や感情だけがでてくる人、香り、音楽、色などで感じる人などいろいろです。ときには、本人が学んだことがないはずの外国語を話しだしたり、古代日本語（弥生語）や宇宙語を思い出したりする人もいます。未浄化の感情を作りこんだきっかけとなる記憶が、明確に思い出されるほうが、感情のリリース（解放）は早まる傾向にはありますが、何も思い出せないままでも解消は進みます。

解消のスピードも人それぞれで、大きな悩みやトラウマなど、それにともなう未浄化の感情の種類や量が大きく複雑であるほど、リリース（解放）には時間がかかります。しかし、トラウマのような大きな悩みであっても、自分の感情をある程度認めることができている人や、気持ちの整理ができている人のほうが解消は早い傾向にあります（虐待体験のある男の子と女の子の実例を参照）。いずれにしても、第6章でお話ししたように、一度解消した感情は戻ってはきませんので、セラピーの回数を重ねるごとに確実に手放すことができるのです。

また、言いたくないことは言わなくても解消できるのも、腸心セラピー®の特徴です。人に言えないような悩みや、思い出して話すのが辛いトラウマであっても、詳細をセラピストに伝える必要はありません。ただ、腸が反応して教えてくれたところにアプローチしていくだけで大丈夫です。**「お悩みを話さなくても解消できる」**セラピーなのです。セラピストも根掘り葉掘りクライアントから辛い体験を聞き出す必要がなく、これは双方にとって大きな利点であると思います。

腸心セラピー®は、すべてをクライアントの腸にゆだねておこないます。おなかのどこに触って欲しいのか、どの順番でどこにアプローチしていくのか、解消が進んでいるのかどうかも、すべて腸の感覚をひろいながら進めていきます。セラピストが誘導したり、決めつけたりは一切しません。こうすることで、まだ解消の準備ができていないトラウマを無理に掘り当ててしまう危険も避けることができます。腸が教えてくれるとおりに進めた結果、最近の記憶から順番にさかのぼることもあれば、いきなり過去生の記憶にアクセスすることもあります。そういったことも含めて、すべてを腸が教えてくれるのです。

終わりに

この本で一番お伝えしたいのは、どんな悩みや問題であっても解決策は必ず「自分の中」にあるということです。テレビ、新聞、インターネットなどの情報にあふれた現代に生きる私たちは、ともすれば答えを自分の外にばかり探しがちです。しかし、頭で解決しようとすればするほど、自分の中心である「おなか」から離れていってしまうことは、この本でもすでに述べました。

腸は脳よりずっと古い時代に生まれたとても賢い臓器で、個人の体験の記憶だけでなく、人類すべての記憶、地球上に存在するあらゆる生命の記憶、はたまた宇宙の記憶までも宿しているのです。「腸がすべての答えを知っている」といっても過言ではありません。

腸に話しかければかけるほど、どんどん答えてくれるようになってきます。腸意識を鍛えることで直感力が高まり、自分の感情に気づき、自分に正直に生きることがどんどんできるようになっていきます。腸と仲良くなればなるほど、個人の幸せな人生に自然と導かれることになり、ひいては地球全体、宇宙全体の幸福へとつながっていくのです。

腸心セラピー®で、腸意識に目覚めた笑顔の人たちが増えることを願ってやみません。

最後になりましたが、本書の出版にあたり色々とご尽力くださったヒカルランドの石井社長はじめスタッフの皆様、監修の松田史彦先生、腸心セラピー®の体験談をお寄せくださった皆様、いつも支えてくれる腸心セラピストと講師のみんな、弊社スタッフと温かく見守ってくれている家族に心より感謝いたします。

扁桃体の構成と機能
http://www.actioforma.net/kokikawa/kokikawa/amigdala/amigdala.html
感情の中枢である扁桃体におけるドーパミンの役割を解明
https://www.jst.go.jp/pr/announce/20100224/index.html
腸は命の見張り番
https://www.nttcom.co.jp/comzine/no032/wise/index.html
腸の中にある脳
https://www.ted.com/talks/heribert_watzke_the_brain_in_your_gut/transcript?language=ja

著者 **渡邊千春** わたなべ ちはる

一般社団法人 日本腸心セラピー協会 代表理事

一般社団法人 グローバル・ホリスティックケア研究所 代表理事
Sellizin Elixir Japan, LLC 代表
日本ホリスティック医学協会会員
日本メンタルヘルス協会 認定カウンセラー
ドイツ心理カウンセラー連盟協会（VFP）正会員

1974年奈良県生まれ。東京都在住。2005年にリウマチを発病し、半分寝たきりの状態から様々な自然療法に出会い1年後に見事完治。その体験からホリスティックやスピリチュアルに目覚め、のべ2万人以上へのカウンセリングやセミナーを通じて、難病を患う方々の改善に関わってきた。世界で活躍する著名なドクターやヒーラー、治療家、自然療法士たちとも連帯を深め、合同講演など好評を博してきた。2016年春には、自然療法の本場ドイツにおいて、自然療法士向けセミナーの講師をつとめた。著書に、『リウマチ感謝!』（三恵社 2013年には韓国版も出版）、『リウマチ感謝! カウンセリング編』（三恵社）がある。

監修者 **松田史彦**

1987年　聖マリアンナ医科大学卒業
　同年　熊本大学医学部麻酔科入局
1993年　熊本大学医学部第2内科入局
1997年　東京女子医科大学附属東洋医学研究所で漢方を学ぶ
2000年　熊本市にて松田医院和漢堂勤務
　　　　漢方やさまざまな代替療法、統合医療を実践する
2012年　「薬やめる科」を開設、統合医療を行いながら減薬断薬をサポート
2018年　『薬の9割はやめられる』（SBクリエイティブ）を出版

所属学会・資格など
　　日本東洋医学会漢方専門医
　　日本麻酔科学会麻酔科専門医

イラストレーション 毛利みき

ブックデザイン 鈴木成一デザイン室

校正 鷗来堂

腸は宇宙の全てを記憶している

腸心セラピー®で退化した腸意識を呼び覚ませ

第一刷　2020年5月31日
第三刷　2021年12月21日

著者 渡邊千春

監修 松田史彦

発行人 石井健資

発行所 株式会社ヒカルランド
〒162-0821 東京都新宿区津久戸町3-11 TH1ビル6F
電話03-6265-0852 ファックス03-6265-0853
http://www.hikaruland.co.jp info@hikaruland.co.jp
振替00180-8-496587

本文・カバー・製本 中央精版印刷株式会社

DTP 株式会社キャップス

編集担当 澤川恵里

 ISBN978-4-86471-857-8

ヒカルランド YouTubeチャンネル

ヒカルランドでは YouTube を通じて、新刊書籍のご紹介を中心に、セミナーや一押しグッズの情報など、たくさんの動画を日々公開しております。著者ご本人が登場する回もありますので、ヒカルランドのセミナーになかなか足を運べない方には、素顔が覗ける貴重なチャンスです！ ぜひチャンネル登録して、パソコンやスマホでヒカルランドから発信する耳よりな情報をいち早くチェックしてくださいね♪

続々と
配信中!!

新刊情報

グッズ情報

著者からメッセージも!

ヒカルランド YouTube チャンネルはコチラ！

https://www.youtube.com/user/kshcoidhasohf/featured

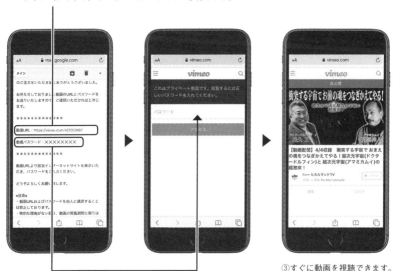

イチオシ動画！

開発者直伝！CMC波動共振センサー講座

出演:元島栖二
22,000円　※「CMC波動共振センサー」は料金に含まれません。
117分

エナの超シンプルな生き方Step1

出演:内山エナ
7,700円
75分

宇宙意識につながる覚醒セミナー

出演:中西研二（ケビン）、宮井陸郎（シャンタン）
12,000円
137分

ハートの聖なる空間から生きる―『ダイヴ！ into アセンション』出版記念セミナー&瞑想会

出演:横河サラ
6,000円
110分

イチオシ動画！

第三回NEOみろくスクール

出演:88次元Fa-A ドクタードルフィン
松久 正
36,900円
59分

衝突する宇宙でおまえの魂をつなぎかえてやる!　超次元宇宙と超次元宇宙の超激突!

出演:ドクタードルフィン 松久 正、アマミカムイ
11,000円
97分

ベンジャミン・フルフォードは見抜いていた!「コロナは壮大な偽パンデミックである!」

出演:ベンジャミン・フルフォード
3,000円（前編）
3,000円（後編）
5,000円（前後編セット）
56分（前編）／
60分（後編）

最善の答えが見つかる魔法のツール『生命の木パーフェクトガイドBOOK』出版記念セミナー

出演:廣田雅美
5,000円
120分

● **ワーク①**　ペアを組み、お互いに腸相をチェック

● **講義**　腸相から全体的な傾向を読み取る方法
全体的な傾向からわかる現在の心理状態
感情マッピングの読み方
ピンポイントで読み解く感情マップ
病状による腸相の傾向

● **ワーク②**　自分の腸相をチェックしてみよう♪
腸相診断を使った内観方法

● **ワーク③**　ワーク①とワーク②を踏まえた応用法
腸との対話を楽しもう

● **認定**　規約確認
認定証授与

受講者限定!!　5大特典がついてくる♪

特典❶　認定後すぐに印刷して使える腸相診断シート（PDF データ）をプレゼント♥
特典❷　チラシ・ポスター制作に活用できる画像データ集がもらえちゃう♥
特典❸　修了生向けの限定会員ページにアクセスできるようになります♥
特典❹　限定動画を視聴できます♥
特典❺　その日にもらえるお名前入りのライセンスカード♥

オモシロ腸相診断士
インストラクター養成コース

講師：渡邊千春　または認定講師が担当

オモシロ腸相診断は、日本腸心セラピー協会が提唱する腸からココロや感情の解放をうながす「**腸心セラピー®**」の補助メニューとして行なっていたものから生まれました。

本書でも紹介したように、腸は手や顔に比べてより深い意識レベルの記憶を司っているため、お腹に触れるだけで表面化していない深層心理まで「腸相」から読み取ることができるのです。

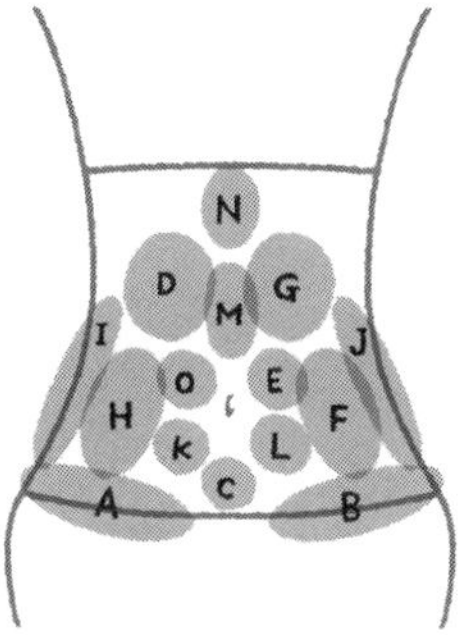

約3時間の講座で、**オモシロ腸相診断士とインストラクターの認定まで**終える1DAY完結セミナーです。

〈内容〉

● **講義**　オモシロ腸相診断とは？
いろいろなシーンでの活用法
腸相の基本的なチェック方法
表層意識のチェック法、深層意識のチェック法